リーダーが6か月で

人財育成の達人となる

101 theories for leaders to master in six months how to develop human resources

101のセオリー

株式会社つばさ人本経営コンサルティング

角田 識之

noriyuki sumida

はじめに

２０２５年に起こること！

○3回目の国難期が幕を開ける！

1回目　嘉永6年（１８５３年）6月3日　黒船来航　植民地になるかどうかの国難期

2回目　昭和20年（１９４５年）8月15日　敗戦焦土　再建復活ができるかどうかの国難期

3回目　令和7年（２０２５年）X月Y日　少子高齢化　日本丸が沈没するかどうかの国難期

○中小企業の3社に1社が廃業の危機を迎える！

（経済産業省が２０１８年1月29日に発表）

・中小企業約３８０万社

・その中で、2025年に「経営者の年齢が70歳超え」が約245万社
・その中で、後継者がいない会社が約127万社
・実に日本の企業の3社に1社、127万社が廃業危機を迎える！
・雇用650万人、GDP22兆円が消失の恐れ！

○社会保障予算が限界に近づく！

・「団塊の世代」800万人全員が2025年に75歳以上、後期高齢者に入る
・総人口1億2257万人のうち、後期高齢者の人口が2180万人
・一人当たりの年間医療費　75歳未満：平均22万2000円　75歳以上：平均93万9000円
・令和2年（2020年）度の一般会計予算：102兆6580億円
・社会保障関係費：35兆8608億円（34・9％）
・35兆円超えは過去最大規模！
・法人も個人も社会保障負担が急増する見込み！

増収増益、増給与企業でないと、会社も従業員も報われない！
国難期は若者の潜在能力解放で乗り切れ！

1回目　黒船来航　植民地になるかどうかの国難期は坂本龍馬や高杉晋作、西郷隆盛や桂小五郎などの青年志士の活躍で乗り切った！

2回目　敗戦焦土　再建復活ができるかどうかの国難期は、ソニーやホンダなどのベンチャー企業が一気に成長し、外貨を獲得、日本再建の道を切り開いた！
ソニーがトランジスタラジオを販売し、アメリカやヨーロッパの市場を切り開いた営業マンは、全員が20代。ホンダが、世界最高峰のオートバイレース「イギリス・マン島レース」で完全優勝を遂げ、世界をあっと言わせた技術者も、全員が20代。

3回目　国難期　世界有数の潜在能力を持つ、日本の10代、20代、30代の潜在能力解放で乗り切ろう！

そのためには、小手先の耳触りのいいセミナーではなく、高杉晋作を生み出した萩《はぎ》の松下村塾《しょうかそんじゅく》のような骨太重厚な勉強会が必要！

御社に「人財育成の達人」は何名いらっしゃいますか？

「人財育成の達人」とは、若手社員を3年でリーダーに、10年で役員に育て上げる人です。

「人財育成の達人」が多数いる会社は、国難期を乗り越え、必ず発展していきます！

「人財育成の達人」のモデルは、2年弱という短期間で、約90名という少数の塾生の中から、将来の総理大臣や国務大臣や大学創設者などを多数輩出した、萩の松下村塾を主宰した吉田松陰《しょういん》先生です。

この本の内容は、全て実証済みのものです！

2017年度より会員制勉強会の中で、社長を目指す「ヒト☆ピカ経営プレジデントスクール」、NO.2人財を育てる「合同リーダー自燃塾」、20代社員の覚醒を狙う「ヤングドラゴン研修会」を開催し、6か月間という短期間で、多数の若者の潜在能力解放を実現してきました。

「リーダーが6か月で人財育成の達人になる101のセオリー」は、全て実証済みの内容です。

今回、それらを全て公開しました。

日本復活のカギは、「人的資本経営」にあります。この本の内容を実践していただくことで、多数の人を輝かせる「ヒト☆ピカリーダー」の誕生につながり、日本丸の進路をより良きものとする「一隅照《いちぐうしょう》」となれば、望外の幸せです。

実例や現場の声を多数動画（ＱＲコード）で確認していただけます。

あなたが６か月で人財育成の達人になるステップ

○１か月目：決意する！

マラソンもエベレスト登山も、走ろう、登ろうと決意した日から、その道はスタートしています。小手先、ハウツウものではない、骨太、本物の「人財育成の達人」となる決意をしたあなたは、近い将来「チームの宝」となります。

○２か月目：覚悟する！

２か月目は、決意を覚悟に高めるときです。「できたらいいな」という世界と「やるしかない」世界では、ゴールがまったく変わってきます。

○３か月目：根を張る！

「大樹深根《だいじゅしんこん》」、どのような嵐にもビクともしない木は、深く、どっしりと根が張れています。人間も、果実を求める前に、まず根を張ることが先決です。

○4か月目：マイ・ルーティンを始める！

世界を変えていく力の源泉は、あなたの「習慣力」にあります。少しずつ「マイ・ルーティンの年輪」を広げていきましょう。

○5か月目：世界を変える！

あなたは、世界を変える準備ができました。半径5メートル以内を変えていきましょう。それが波及して、世界は変わっていきます。

○6か月目：未来を変える！

企業は人なり、国も人なり。今の日本は、過去の先人が創りましたが、未来は今、私たちが創っています。人財育成とは、未来を変えることに直結します。人事を人事課に任す時代は終わりました。積極的に、人事課と協業共創をしていきましょう。

世界とはあなたの足元半径5メートル以内！
半径5メートル以内の世界を変える力があなたにはある！

1979年にノーベル平和賞を受賞したマザー・テレサ。「世界平和のために私たちはどんなことをしたらいいですか？」と質問した記者に、「家に帰って家族を大切にしてあげてください」と答えました。

・家庭とは親（保護者）、学校とは教師、職場とは上司
・その人にとって社会とはすべて「人」！
・人を輝かせ、その照り返しで輝く
〝ヒト☆ピカリーダー〟が世界を変える！

「財を遺《のこ》すは下　事業を遺すは中　人を遺すは上なり
されど　財なくんば事業保ち難く　事業なくんば人育ち難し」
昭和4年（1929年）に人的資本経営を予見した後藤新平氏の言葉より

本書で学び、
〝ヒト☆ピカ世界〟を創れば、
あなた自身が最幸の人間関係に恵まれる！

「仲間が先、自分は後　与えるものが与えらえる
信頼が先、指名は後　期待に応えると選ばれる」
～人的資本経営を実践する理念～

さあ、「ヒト☆ピカリーダー」の扉を一緒に開きましょう！

令和4年（2022年）11月吉日

臥龍こと角田識之

【目　次】リーダーが6か月で人財育成の達人となる101のセオリー

3か月目 根を張る！

4 か月目 マイ・ルーティンを始める！

5か月目 世界を変える！

6か月目 未来を変える！

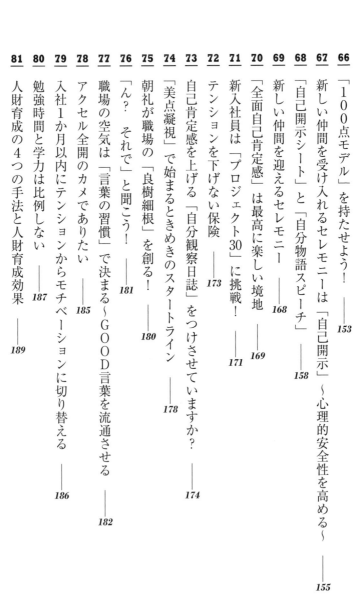

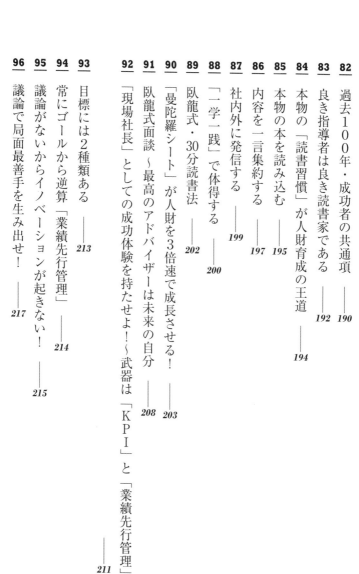

カバーデザイン　野口　優
イラスト　末吉喜美

1か月目

決意する!

マラソンもエベレスト登山も、走ろう、登ろうと決意した日から、その道はスタートしています。小手先、ハウツウものではない、骨太、本物の「人財育成の達人」となる決意をしたあなたは、近い将来「チームの宝」となります。

1 絶対法則「全ての因は我に在り〜インサイドアウトの思考」の徹底

臥龍（がりゅう：筆者）は、松下電器産業（現パナソニック）創業者であり「経営の神様」と称される松下幸之助氏の言葉を紹介された元松下政経塾副塾長、上甲晃《じょうこうあきら》先生のメルマガから、生涯を左右するある確信を一段と深めることができました。

幸せになるためには、私がかかわることでうまくいかないとすれば、すべて私に責任があると考えることです。「すべて、原因は私にあります」と考え、「自分から敢然として変わることが、幸せな人生、物事がうまくいく基本中の基本」です。

松下幸之助はこう言いました。「僕はな、物事がうまくいったら、いつもみんなのおかげと考えた。その代わり、物事がうまくいかないときは、すべて原因は私にあると考えてきた。おかげで、うまくいったときは慢心しなかったし、うまくいかなかったときは、厳しく自分自身を反省することができた。それが、人生を渡る秘訣、経営をうまくやるコツとも言えるかもしれんな」と教えました。

２０１４年10月9日、上甲晃先生のメルマガ『一日一語』より

経営の神様が、「幸せな人生、物事がうまくいく基本中の基本」と言っていることを、凡人が素直にやらなかったら、まず成功しないと思いました。そして同時に、自分が30歳のときに定めた人生観「全ての因は我に在り」は間違っていなかったと、さらに確信を深めました。

最近では、故稲盛和夫氏も「すべての現象は自分の心の反映でしかありません」とおっしゃっていたことを知りました。

「全ての因は我に在り」「矢印を自分に向ける」「コンパスの法則」「鏡の法則」「自責の視点」「インサイドアウト」と表現は違いますが、これは幸せな成功者になるための絶対法則だと確信しています。

蛻変（ぜいへん）の波及

トップのぜい変が
企業のぜい変に波及する！

岡山の工務店ベストホームは、ここ数年、事業部・拠点・人員は増えているのに、業績が伸びないというジレンマに陥っていました。その真因は、自分にあると気づいた藤本誠二社長は、自らに矢印を向け、自らのぜい変を会社のぜい変へと投影させるイベントとして、2022年1月に「第三創業出航式」を行いました。その結果、業績の伸びが止まらない企業に瞬く間にぜい変していきました。

ベストホームの
第三創業出航式

ヒト☆ピカ企業

ベストホーム

エクステリアから始まり、リフォーム、外壁塗装、不動産、便利サービス、デイサービスなど、岡山市に「百歳応援企業」として「お客様の喜びが我が喜び」を広げる事業活動を展開されています。順調にきた成長軌道が停滞したとき、藤本誠二社長が示した「全ての因は我に在り～インサイドアウトの思考」の実践に大きな感銘を受けました。

ベストホームのHP

2 あなたが変われば世界は変わる

臥龍は、「あなたには世界を変える力がある。世界とはあなたの足元半径5メートル以内」とお伝えしています。

そもそも「全ての因は我に在り」を人生経営に置き換えれば、99％は社長のあなた次第なのです。あなたが変われば、人生は変わります。お店の経営で見れば、99％が店長次第なのです。店長が変われば、お店は変わります。調理場の99％は調理長で決まります。調理長が変われば、調理場は変わります。

会社は99％社長次第です。社長が変われば、会社は変わります。

でも盲点があります。「社長が変わらないから会社が変わらないのだ。社長が悪い」という見方は「他責の視点」で、絶対法則から外れます。強い会社では、社長から新入社員に至るまで一人ひとりが、「私が変われば会社は変わる」という「自責の視点」を持っています。

この自分の内面変化が周りに影響を及ぼすという「インサイドアウトの輪」が重なって、会社が丸ごと変わっていくのです。

臥龍の台湾の顧問先、「カモ家族」と「SOLAS」と「REPON」の事例を見てください。

インサイドアウト事例
カモ家族

インサイドアウト事例
SOLAS

インサイドアウト事例
REPON

インサイドアウト

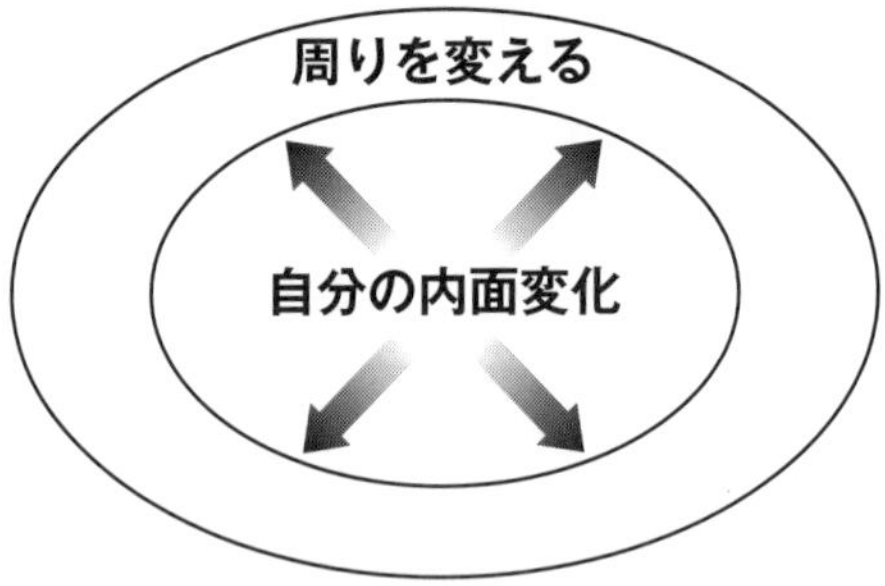

アウトサイドイン

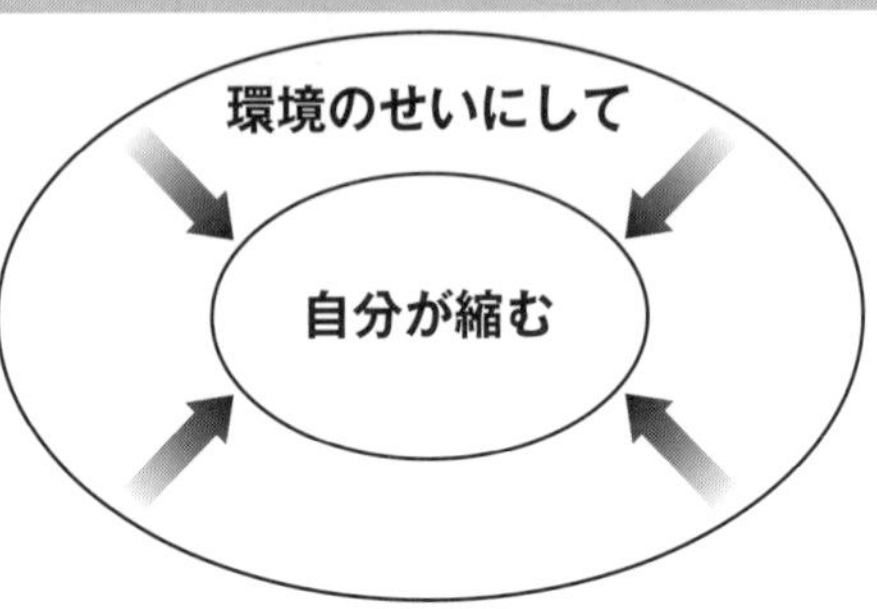

ヒト☆ピカ企業

APRA（エープラ）メンバー企業

ＡＰＲＡ（エープラ）の原型は、１９９０年より臥龍が始めた日本と台湾の若手経営者による交流研修活動でした。その後、１９９６年10月21日に現在の「アジア太平洋ルネッサンス協会：略称ＡＰＲＡ（エープラ）」という名称になりました。

「人本主義経営」を実践する４本柱を「理念型経営・大家族主義経営・感動創造経営・船団経営」に置き、数々の感動物語を生み出し続けています。

日本と台湾がホストを務める年に１回の国際交流会は、現在25回を数えています（２０２２年11月現在）。

APRA（エープラ）HP

3 役柄ゲットのオーディションは自由

松下幸之助氏は、新入社員の入社式でこう語りかけたそうです。

「君らの立場は新入社員やな。しかし意識は社長になれる」

臥龍も新入社員研修で、次のようにお伝えしています。

「会社は選べても、仕事と上司とお客様は選べない。選べると思っているとがっかりします。出合った仕事を天職に、出会った上司とお客様を自分のファンにする。それにチャレンジしてください」

また、こうもお伝えしています。

「会社から認められて与えられるものは役職と権限です。しかし、それを待つ必要はありません。役柄と権威は自前で創れます。

会社は社会にお役立ちするための劇団です。その中で希望する役柄をゲットしたいというオーディションは自由です。誰も一切制限していません。もし制限しているとすれば、あなたの心の中にあるマインドブロックというくさりです。

象が鎖でつながれています（下絵）。ちょっと歩くとガチャと圧が掛かり止まります。これを繰り返すと、少し圧が掛かると止まるというマインドブロックが掛かります。あなたは社会人という大きな象になっています。本当はくさりを引きちぎれる力があるのです。

圧が掛かったときに〝できない〟と思わないで、〝自分はできる！　一歩を踏み出せば二歩三歩と踏み出せる！〟と今、決めましょう！」

「象とくさりの話」

『御者(エル・コチェーロ)―人生の知恵をめぐるライブ対話』
（フルヘ・ブカイ共著/新曜社）

秋田のリサイクルショップで働くパートの女性、鈴木奈々さんは、「女性だから、パートだから」というくさりに長く縛られていました。臥龍のリーダースクールに参加した彼女は、「正社員になる、そしてチーフになる」という意思決定をします。この決意を行う自己肯定感アップのために取り組んだのが、「365日お店のトイレを掃除する」という自分との約束でした。しかしある日、問題が発生します。一泊二日の宿泊研修があったのです。そこで彼女が取った行動に、臥龍はビックリしました。ホテルに「女子トイレの掃除をさせてください」と頼み込んだのです。

「トイレの女神さま」となり、マインドブロックのくさりを引きちぎった彼女の物語を観てみてください。きっと「一歩踏み出す勇気」が湧いてくると思います。

鈴木奈々さんの
役柄ゲットの物語

ヒト☆ピカ企業

太陽産業

秋田でリサイクルショップとデイサービスを展開している太陽産業は、太陽の周りを10個以上の惑星・準惑星が回っているように、太陽のような中核理念「未来に心をつなぐ」を実践する10名以上の現場社長を育成し、地域のお役に立つ10以上の事業を展開するビジョンを持っています。

太陽産業 HP

4 龍馬の「ぜい変」に学ぶ

臥龍は23歳のとき、司馬遼太郎先生の『竜馬がゆく』を読み、卵が幼虫、幼虫がさなぎ、さなぎが蝶になるように、人も「ぜい変」できることを知りました。

幕末という舞台で、龍馬の役柄は次のように「ぜい変」していきます。

最初は、よばあたれ（おねしょ癖）の泣き虫という冴えないものでした。その後、剣術の才に目覚め、江戸の一流道場で修行し、免許皆伝となって土佐の剣術道場主になるという役柄を目指します。

それが黒船を見たことで、幕末維新の志士という役柄に目覚めます。そして土佐藩を脱藩し、浪人、今で言う脱サラをします。その後、海軍塾塾頭、亀山社中主宰、海援隊隊長と役職がついていきます。そして、いがみ合っていた薩摩と長州の同盟を実現させます。

脱サラ人財が、トヨタとパナソニックの提携を実現させるような偉業です。これは龍馬が、言うこととやることを一致させ続けたことで「権威」が備わったからできた業《わざ》です。

組織の外にいる龍馬には権限はありません。しかし、あの人が言うのならやるしかないという「権威」は持てました。権威のない者に権限を持たせても、部下はやったふりをします。権威ある者に役柄を持たせると、部下は本気で動きます。

だから常に「役柄」と「権威」が先行すべきなのです。


役柄先行・権威先行で生きる!

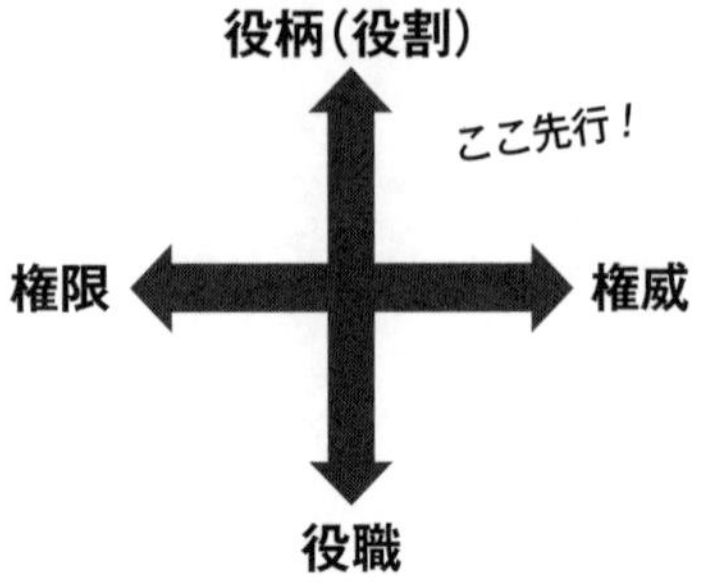

5 キャラが立つと相手に刺さる

私はコンサルタント会社に転職した頃、自分の仕事はもちろん経営コンサルタントと決めていましたが、正直、「食える経営コンサルタント」くらいしかイメージしていませんでした。しかしあるとき、九死に一生を得るほどの交通事故に遭い、たった一度しかない人生、成れる成れないではなく「成りたい自分になろう！」と決めました。その理想像が「三国志」の軍師・諸葛亮孔明《しょかつりょうこうめい》でした。別称を「臥龍」とも呼ばれました。

しかし、それを明言すると「27歳の一介のコンサルタント角田とアジア有数の軍師・臥龍、どこが一致している？」と嘲笑が返ってきました。

笑われたときがチャンス！　臥龍と27歳のコンサルタントとのギャップを埋める「役創り」を始めました。

ゴールを10年後に設定。37歳のときには、従業員数1万人以上を率いる華僑・華人の経営者から「臥龍老師」と呼ばれ、尊敬されているイメージです。

役創りとして、人間学の月刊誌「致知《ちち》」を購読し、安岡正篤先生、伊藤肇先生、下村澄先生などの人間学、帝王学の本を読み、学習の大半を歴史・偉人の探求に向け、「臥龍老師」のキャラを創り上げていきました。

映画でもドラマでも、あるいは漫画でも、ヒット作の主人公は皆キャラが立っています。キャラが立つとはどういうことかを実感するために、キャラクター分析をお勧めします。部署内で、各自が自分の好きなキャラクターを持ち寄り、発表してもいいでしょう。

事例です。

Q1　あなたの好きなキャラクターは?
　テレビドラマ「相棒」の杉下右京
Q2　キャッチフレーズをつけると何ですか?
　警視庁有数の検挙率を誇る〝和製シャーロック・ホームズ〟
Q3　その特徴を箇条書きにしてください。
　・英国紳士風のパリッとした出で立ち

・正義感、記憶力、観察力が異常に高い
・「もう一つだけいいですか？」が口ぐせ
・紅茶しか飲まなくてキザな注ぎ方。酒は日本酒
・走り方が人形みたい。意外に格闘にも強い
・人を怒らせるのが上手（？）。皮肉な目線……

Q1　自分が目指すキャラクターは？
企業軍師「臥龍」
Q2　キャッチフレーズをつけると？
東洋の王道たる経営道の伝道者
Q3　その特徴は？
・やり方の前にあり方を説く
・使命感や理念を軸とする
・経営者がその責務を果たすことへの妥協なき厳愛
・経営者の孤独感に世界で一番優しく寄り添う慈愛

6 最高のギフトは「成りたかった自分に成る」こと

臥龍は、27歳から役創りをして、35歳で台湾デビューを飾りました。それから2年間、華僑・華人経営者の前で臥龍を演じ続けた結果、37歳のときに講演会の垂れ幕が「角田識之先生講演会」から「臥龍老師講演会」に変わりました。目標として掲げていた10年後にピッタリでした。

それからは台湾でも中国でも「臥龍老師」で通っています。その評価を逆輸入し、日本でも臥龍と呼ばれるようになりました。

皆さんが未来で受け取る最高の誕生日プレゼントは「成りたかった自分に成る」です。そのために一番大事なことは、成れるか成れないかではなく、「成りたい自分」、その役柄を決めることに妥協しないことです。

自分自身に役柄オーディションの許可を出すことです。

7 自分で自分の翼を折る恐さ

臥龍は、20代に読んだ扇谷正造著『諸君！　名刺で仕事をするな』（ＰＨＰ研究所）の一節が印象に残っています。名刺から社名と役職を消して、個の自分が今、世間にいくらの時価で通じるかを冷静に見なさいということです。

その中で一番注意しなくてはいけないのはマスコミだと書いておられました。友達に「自分はこういう会社の社長に会えるんだぞ」と自慢しても、それは名刺に刷られている何々新聞という社名の力なのです。

臥龍は、大手コンサルタント会社に在職中、意識の中では名刺の社名を消していました。

2か月目

覚悟する!

2か月目は、決意を覚悟に高めるときです。

「できたらいいな」という世界と「やるしかない」世界では、ゴールがまったく変わってきます。

8 「ビッグゲーム」ができるチャンスをゲット

臥龍の最新バイブル本である『ザ・ラストマン』の一節に、「責任者」についての言及がありました。

「責任を持って」などと書くと、ちょっと辛そうだと思うかもしれませんが、そうではありません。逆に、受け身の姿勢が少なくなれば、当事者意識が持て、いろいろなチャレンジもでき、仕事はもっと楽しくなります。責任を取る意識を当たり前のことと割り切って、行動を起こしてみましょう。すると意外に、あらゆる局面での決断や実行が、スムーズに、より正しく行うことができるようにもなるはずです。

『ザ・ラストマン』川村隆・著（角川新書）より

臥龍は、この内容を「『長』ほど楽しい商売はない！」というメッセージだと理解しました。

最近の若者は、役職に就きたくないと聞きますが、「自分で意思決定できること」や「自分の成長がチームの成長に反映される」など、「ビッグゲーム」ができるチャンスをゲットできるのですから、「ワクワクするよね」と言い続けることが大事です。

リーダーが育たない企業が成長することはありません。

企業には協力業者が必要です。その協力業者を「理念実現のパートナー」にするのも、ヒト☆ピカリーダーです。ヒト☆ピカリーダーは、協力業者を下請け意識にはしません。22ページでご紹介したヒト☆ピカ企業「ベストホーム」の協力業者の方々が、「足元半径5メートル以内を変える物語」に、臥龍は感動を覚えます。

三代の左官職人による
感動の物語

9 「現場社長」は「ザ・ラストマン」

著者の川村隆氏は、この「ザ・ラストマン」という言葉は、ご自身が体験したハイジャック事件のとき、たまたま乗り合わせた非番の機長の決断が乗客乗員を救ったことから、「誰かがやってくれたら」ではなく、リーダーには「自分がやらないと事は終わらない」という覚悟が必要だと気づかされたそうです。

同様のことを、元機長であり稲盛和夫氏から日航の後を託された植木義晴氏が次のように述べています。

地上では、最高の結果を出すためにどれだけの時間が必要かを考えがちですが、パイロットは違います。限られた時間内にどこまでのことができるか。Time is money ではなく、life。命そのものなのです。例えば、フライト中にトラブルが起きると、状況を認識して判断し、優先順位をつけて実行する。NASAの調査では平均2～3分で遂行するそうで

――すが、その間にも状況は変わり、判断を変えなければならない。最初にこう決めたからといって変化に対応できないと、事故に至るのです。

臥龍は、経営の最小単位は「人生経営」。だから、一人ひとりが「人生経営の社長」。ある意味「人生飛行の機長」「ザ・ラストマン」だと思っています。

そして強い組織とは、一人ひとりが「現場社長」としての覚悟で、操縦桿を握っています。よく「経営者感覚で働きましょう」という言葉を聞きます。経営者は、給料日が来たら給料を支払わないといけません。支払日が来たら支払いをしないといけません。納税日が来たら納税しないといけません。つまり「できる、できない」は言えない、「やるしかない世界」なのです。

しかし、社内に「これこれだったので、できませんでした」という「言い訳族」が増殖したら、どうでしょうか？　間違いなく潰れます。

だから「ザ・ラストマン：現場社長」が、多数派にならないといけないのです。

10 成澤知恭さんのセルフ・キャスティング

臥龍のリーダー研修を受講に来られたローズメイ・秋田工場の成澤知恭さんという青年。役職は工場の主任で、社内での評価は〝人間不信な感じ、おとなしい、暗い〟でした。しかし彼は、役柄と権威は先行できるということを知り、マインドブロックのくさりを引きちぎり、成りたい役柄として「第二創業推進部長」を勝手に宣言します。

秋田工場に帰った後は、まだ見えていない第二創業という未来像を先取りした理想の職場ステージ実現へと、スタッフ一人ひとりの役柄を引き上げていきます。最初は大きくとまどったスタッフたちですが、彼の妥協なき姿勢の中に私利私欲がなく、真に皆のためにと思った愛を感じ、彼が言うなら仕方ない、やるしかないと彼の権威を認めていきます。そして今現在、彼の役職は部長ですが、演じている役柄は専務です。

あなたがいま仮に主任でも、部長の役割を演じていれば、会社は勿体《もったい》な

成澤知恭さんの
役柄宣言

いので課長にはします。企業劇団では「常に役柄と権威を先行、役職と権限は後付け」と覚え、あなたがその見本を見せてください。

ヒト☆ピカ企業

ローズメイ&秋田第二創業研究会

ローズメイは、ばらとはちみつを原点とした健康食品メーカーです。神奈川出身の原田青社長が、子ども時代によく訪れた秋田の少子高齢化による衰退に驚き、自社工場をモデル企業に育て、多くの見学者を集めます。

その中から、「私が変われば、会社が変わる。会社が変われば、秋田が変わる。秋田が変われば、日本が変わる」という想いに共感した経営者を中心に「秋田第二創業研究会」を結成していきます。この研究会では、社員研修を共同で行う、ＦＣ事業も協力して展開するなど、企業と地域を元気にする活動を展開しています。

この「秋田同志船団方式」が、地方を元気にするモデル像になると期待されています。

ローズメイ HP

秋田同志船団 HP

11 どちらも「愛」、どちらを選ぶか？

ノルウェーのことわざに「子どもを一日生きさせたければ魚を与えよ。子どもを一生生きさせたければ魚の釣り方を教えよ」があります。親は我が子を愛していますが、その愛が、この子は私がいないとダメという溺愛なのか、1日でも早く自立させてあげようという厳愛なのか、同じ愛でも本質はまったく違います。

リーダーには、部下にはいつでも自分の力で飛び立てる翼を持たせようという愛が不可欠です。

焼肉きんぐや丸源ラーメンなどを展開する外食産業の雄・物語コーポレーションの実質創業者である小林佳雄さんが学生に語った言葉です。

――

いつか独立するというくらいの気概がある人、大歓迎です。でもそういう人たちが離れ難いようなミッション・ビジョンを設定しています。将来独立するのもいいけど、ここで

——素晴らしい仲間と共に、大きな夢を追いかけるほうがもっといいと思ってもらえるように、あなたたちの遠心力と我が社企業文化の求心力の勝負です。

上司から、いつでも社会に飛び立てるような翼を授けてもらうと、その人から離れたいか離れたくないものなのか？　自分がその立場ならどうするかと考えてみると、自ずとわかります。

ヒト☆ピカ企業　**物語コーポレーション**

焼肉きんぐ、丸源ラーメン、ゆず庵などを展開する外食産業です。企業の成長エンジンは、「業態開発」と「人財開発」の両輪ですが、その両輪の強さとバランスには目を見張るものがあります。新卒採用後、18か月から3年で「プレジデント店長」を育成する人財育成力が注目されていますが、その背景には、「『個』の尊厳を『組織』の尊厳より上位に置く企業文化」があります。

仕事を通じて「自分物語」を創りたい若者たちを魅了し、2025年グループ年商1500億円に向けて着実に年輪を重ねています。

物語コーポレーション
HP

12 仲間は信頼しろ！ しかし、期待はするな！

前項のような「愛」を持った上で、臥龍は、現場社長に対しては常々、「信頼するが期待はしない。期待するのは常に自分」という言葉を胸に秘めろと言っています。

仲間を信頼する。この気持ちは大事です。しかし期待はしないことです。期待をすると、「伝えたのに」「部下なのに」「給料をもらっているのに」「5年もやっているのに」というストレスが発生します。期待をしていないと、ささやかなことに対しても、「よくやってくれる」という感謝が湧いてきます。

そして期待は、100％コントロール可能な自分自身に置くのです。

「大丈夫、自分が変われば、周囲の景色は変わる」ということです。

『ザ・ラストマン』にはこう書いています。

ちょっと厳しく聞こえるかもしれませんが、会社内に〝お仲間〟をつくっていても意味がありません。たくさんの人と〝話し合い〟だけを続けても変化は起こせません。外部環境に責任を押しつけても仕方ないでしょう。結局、自分がやるしかないな――そんな感覚で、しかし楽観的に、淡々と実行を続けることこそが重要です。まず自分から変わるために。

『ザ・ラストマン』川村隆・著（角川新書）より

臥龍は、社会起業家として、仕事の感動を伝えるショートフィルム「感動物語コンテスト」、台湾事業家との交流「ＡＰＲＡ（エープラ）」など、数々のプロジェクトを興してきました。

最初は、物珍しさで集まってくれます。問題は3回目あたりです。「知ってる、参加したことある」と、一気に集客が減ります。そのとき、「自分は社会のため、私利私欲なしでやっているのになんだ！」と思うと、挫折します。

「感動物語コンテスト」が今年で15回、「ＡＰＲＡ」が25回続いてきたのは、「期待するのは常に自分」という姿勢がブレなかったからです。社会的に善なることをブレないで継続していると、必ず同志が増えてきます。

3か月目

根を張る！

「大樹深根」、どのような嵐にもビクともしない木は、深く、どっしりと根が張れています。人間も、果実を求める前に、まず根を張ることが先決です。

13

大樹深根
～どのような強風にもビクともしない根を張ろう！

臥龍の座右の書の一つに宮大工・西岡常一氏の『木に学べ』（小学館）があります。その一節に、

「1000年経った木は1000年以上の競争に勝ち抜いた木です。法隆寺や薬師寺の1300年以前の木は、そんな競争を勝ち抜いてきた木なんですな。いちがいには言えませんけど、50メートルの木の高さやったら、50メートル下まで根が入り込んでいると言われています。枝が幹から10メートル横にのびたら、根も横に10メートル根を張ってると言われています」

と記されていました。

大樹深根：上下は相似形

臥龍は「大樹深根」を、将来、人生に大樹を成そうと思うなら、まず根を深く張れという教えに置き換えました。その後、植物を空中水耕栽培している映像から、根の形と幹から上の形がまったく同じ相似形であることを見て、「見えない自己の内面に根を張れば、成功という目に見える成果は後からついてくる」というイメージを深めました。

特に深く張るべき根は「志・使命感」と「三観（人生観・人間観・事業観）」です。これが張れている人は、どのような嵐に遭ってもビクともしません。

何も咲かない冬の日は、下へ下へと根を下ろせ。私は、下積みの日も、得意の絶頂である日も、〝何も咲かない冬の日は、下へ下へと根を下ろせ〟と心に口ずさんできた。そして、下へ下へと根を下ろすところに、大きな花が咲くものだと知った。

『人生1級免許塾』後藤清一（元三洋電機副社長）・著（明日香出版社）より

14 社会性は収益性に優先することを知ろう！

「志・使命感」とは、社会へのお役立ちの想いです。

坂本龍馬は、日本国の「植民地に成りたくない、伝統文化をつないでいきたい」という願いを聞き、開国と自立を両立させるという志を持ちました。その「志・使命感」が、たくさんの応援を集めていきました。

たくさんの応援が集まってくると、もはや「やるしかない」気持ちになります。だから結果的に、完遂となるのです。

臥龍も、お陰様でたくさんの応援をいただきながら、「世界一幸福な国創りプロジェクト」を推進させていただいています。23歳のときに司馬遼太郎先生の『竜馬がゆく』を読み、

順番が大事！

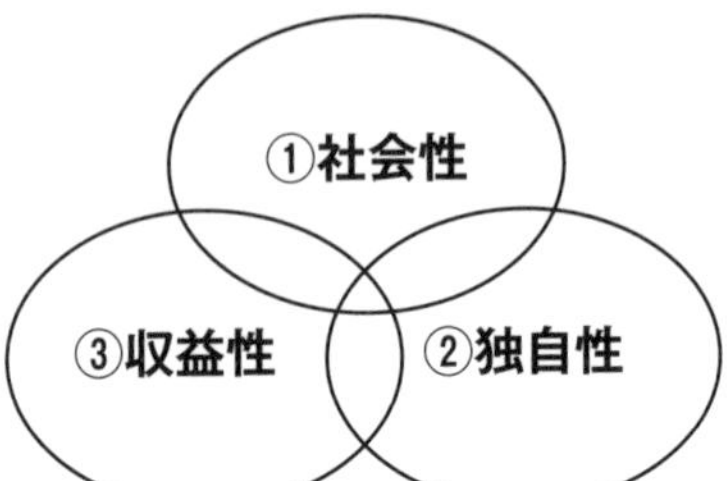

自分も日本国の願いを聞いてみようと思いました。

臥龍が25歳の折にまとめた日本国の願いは、「お金や物の豊かさに反比例して心が貧しくなるのを防いでほしい」というものでした。物が豊かになる高度工業化社会、お金が豊かになる高度金融化社会、情報が豊かになる高度情報化社会、それに対して唯一足りないのは高度幸福化社会の実現です。

国連調査では日本の幸福度順位は58位です。明らかに世界一物が豊かな日本において、本当に残念なアンバランスです。それで自分の志・使命感は「未来の子どもたちに世界一幸せな国、日本を遺す」としました。


そして33歳のときに80人のゲストを船上に招いての「臥龍海援隊出航式」を行いました。

微力な臥龍ですが、この志・使命感に共感した方々が「世界一幸福な国創りプロジェクト」に集まってくださり、本当に大きな勇気をいただいています。

臥龍25歳での「立志」

経済大国と精神大国のバランス回復のために、人や企業や地域の内なるマインドパワーを引き出し、世界から尊敬される「日本国」の一隅照となる！

昭和56年（1981年）3月2日
25歳の春に。

33歳で「臥龍海援隊」を出航させると決める！

「利己的な夢には人は集まってくれない、社会的な志が人を引き寄せる」は、企業内でも同様です。自社の理念やビジョンを実現し、お客様よし、仲間よし、世間よしを前倒しするために、これはぜひともやるべきだというテーマを掲げてみることです。必ず多くの応援が集まってきます。

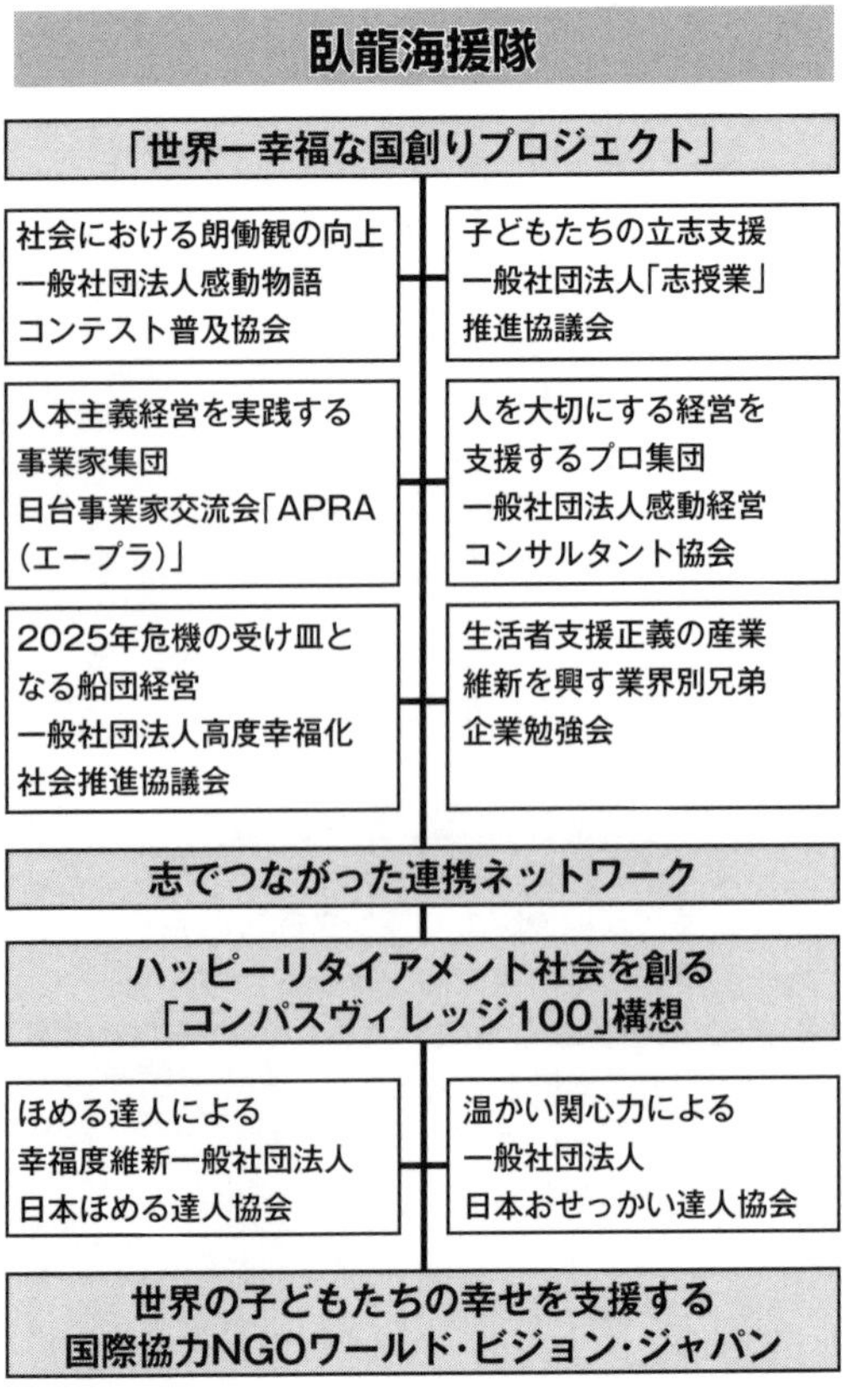

15 「観」があれば、迷わない！ 悩まない！ 止まらない！

臥龍は、20代において、経営の達人と言われる方々が、「経営とは思想哲学である」と言うのを聞き、その意味を探り、「思想とは、ものの見方を磨き抜き、結晶化したもの。哲学とは、ものの考え方を磨き抜き、結晶化したもの」という仮説に到達しました。

松下幸之助氏は、ご自分の深根として、「人間観」と「宇宙観」を定められました。「人間観：人間とは、まことに偉大にして崇高なる存在である」「宇宙観：宇宙とは、常に生成発展をしている」。ここに至るまでには、数えきれないほどの自問自答を繰り返されたものと想像します。そして、松下幸之助氏は、この二つの物差しで、全てを判断されたそうです。

「観」を練り上げるのは一見大変な作業のように思えますが、一度、「観」という本質的な物差しを持てばこっちのものです。温度計があれば、30度超えで真夏日とわかり、エアコンの設定温度を下げます。スピード計があれば、速度オーバーがわかり、減速します。「原点」があると、迷わない！ 悩まない！ 止まらない！ 一時停止をしても、原点回帰で再出発できます。

16 「ものの見方・考え方」のエキスが「観」

臥龍は、縁あるリーダーには「人生観・人間観・事業観」の「三観」を立てていただいています。カメラの三脚、1本でも欠けていたらどうでしょうか？　3本あっても、そのうち1本が伸びないとどうでしょうか？

「三観」は、組織を成長に導く長の三脚なのです。例えば、「人間観」を求めるには、「人間とは？」という問いに自分なりの答えを列記していきます。臥龍の場合は、次の通りでした。

1. 人は食べ物と言葉でできている。
2. 人は環境の動物である。
3. 人は同時に二つのものは見えない。
4. 人は上位の欲求へと進化していく。

5. 人は強い群れ気を持っている。
6. 人は認められたい、ほめられたい存在だ。
7. 人は残能全開であると、能力は伸び続ける。
8. 人は成りたい自分に、成れる力を秘めている。
9. 人は愛されると愛し返してくれる。
10. 人は二度生まれ、三度死ぬことができる。肉体の誕生、天命を知る誕生。肉体の死、自分を知っている人がいなくなるとき、自分が遺した社会志産の寿命が尽きるとき。

この10個の「ものの見方・考え方」のフルーツをジューサー・ミキサーにかけ、エキスを絞り出したものが「人間観」になりました。

17 「人生経営の達人」を生み出す「人生観」

「人生観・人間観・事業観」の「三観」の威力は絶大です。臥龍の事例でご紹介します。

・「人生観」の臥龍事例：「全ての因は我に在り」「一日一生」

全ての事に当たって、常に出発点は自分です。「自分が変われば世界は変わる」「相手の言動は、一歩手前の自分の言動の反映でしかない」「常に期待するのは自分」ということで、限りなくローストレスで事を進めることができます。

また「一日一生」と考えることで、毎朝が「今日という一日をまたいただいた」という感動で始まり、悔いなき一日にするために濃密になり、結果「人生経営の達人」となります。

18「人財育成の達人」を生み出す「人間観」

・「人間観」の臥龍事例：「未見の我」「啐啄同時」

臥龍は、人の表面情報をまったく信用していません。その内面にある「未見の我」を観ます。

詩『未見の我』

内に隠れて見えないけれども
現在（いま）こそ内に眠り底に潜んで
自分にも他人にも発見（わか）らないけれども
五尺の我のうちにこそ
未見の我の偉大な姿が隠れているのだ
ありがたや

自分の中には自分の知らない自分がある
強くして能あり
清くして正大なり
現在の我とは比較にもならぬ
未来相の我だ
私はもう私を見くびらない
弱小の私
無能の私
あやまち多い私
しかし私は未見の我の故に
私の全身全霊を愛惜する
彼はつまらぬ奴だ
馬鹿なまねをしやがった
しかし私は彼を見棄てない
彼の内なる未見の彼を

私は限りなく尊重する

安積得也先生の詩集『一人のために』（善本社）より

臥龍は、相手の「未見の我」と対面します。すると本人も気がついていなかった「未見の我」が顔を出してきます。それは近い将来に現れる「未来相」とも言えます。自分の中に、自分でも気づいていなかった「偉大な自分」がいることに気がついた方は、皆さま、感動感涙されます。

「啐啄同時《そったくどうじ》」、これは禅の言葉で、卵の中のひな鳥が孵化《ふか》しようとして内面から卵の殻をつつき、その音を聞きつけた親鳥が同じ場所をつついて、その孵化を助けることです。

臥龍は、人間は環境の動物ですから、「未見の我」が孵化したくなる環境を創れば孵化を始めると考え、そういう環境創りをします。すると高確率で、内面からの殻つつきが起こっ

啐　啄　同　時

全ては「絶対信頼」から始まる

てきます。その音を聞きつけた臥龍は、「あなたなら大丈夫！」というエールを送ります。

すると、以前から彼や彼女のことを知っている社長や同僚がビックリするような孵化した姿を見せます。

1回目の黒船来航。植民地になるかどうかの国難期に現れた青年志士たちも、「未見の我」を見て、「啐啄同時」する師に出会ったから誕生できたのです。

坂本龍馬を「啐啄同時」した勝海舟。

高杉晋作を「啐啄同時」した吉田松陰。

西郷隆盛を「啐啄同時」した島津斉彬。

ドイツの鉄血宰相ビスマルク曰く、「愚者は体験に学び、賢者は歴史に学ぶ」

体験も大事ですが、体験だけで学ぶには、人生はあまりにも短いものです。歴史に学ぶことは、「人財育成の達人」には欠かせません。

19 正しい人間観を持つ企業では奇跡が起こる！

臥龍はよく、リーダーには、新入社員の「できない」と「苦手」にだまされないで、と申し上げています。「できない」の99％は「やらないこと」であり、「苦手」の99％は「思い込み」なのです。ただし、1％はアレルギーもあるので、そこは注意して追い込まないようにする必要があります。

元々、人間の出発点「赤ちゃん」は、「前向き、挑戦好き、勉強好き」です。そこに「できない・苦手ウィルス」が侵入してきます。多い場面は、大人（親）が「結果」はほめるが、「努力」や「過程」や「全力姿勢」をほめないとき、「できない・苦手ウィルス」は発生してきます。

メジャーで活躍する大谷翔平選手も、小学生のときは平均以下の選手でした。中学生のとき、お父さん（大谷徹氏）と2年間の野球交換日誌を交わしていますが、お父さんが繰り返し伝えたのは、「大きな声を出して、元気よくプレイする」「キャッチボールを一生懸命に練習する」「一生懸命に走る」の3点でした。得点を入れろとか、三振を奪えということは言いません。「一生懸命やれば、結果はついてくる。結果がついてくれれば、楽しくなる。野球は楽しい！」ということを教えたかったのです。

「アクティブ感動引越センター」に入社してきた女性スタッフ、人とのコミュニケーションが苦手で、目を合わせて挨拶もできない状態でした。しかし、「未見の我」「啐啄同時」の「人間観」に満ちた環境の中で、本人も驚くような孵化を見せていきます。

ヒト☆ピカ企業

アクティブ感動引越センター

平成10年（1998年）に現・つばさホールディングス代表の猪股浩行氏が設立した引越し業です。引越し業は単なる物品搬送業ではなく、お客様に寄り添い、人生の節目を彩る演出業・サービス業として感動創造を行ってきました。その感動に触れたお客様により、引越し業としては異例のリピーター率40％超えを実現しています。この伝説企業を引き継いだ笠原大岳社長により、より一層仲間の団結力が高まり、数々の感動物語を生み出し続けています。

アクティブの奇跡
第１章

アクティブの奇跡
第２章

アクティブ感動
引越センターHP

20
「眼聴耳視」～こと人財育成においては、データは無視せよ

人を輝かせるリーダーが心に留めおくべき言葉に「眼聴耳視《がんちょうじし》」があります。目に入った情報の見た目ではなく、その中に秘められた言葉を聞くというのが「眼聴」です。また耳に入った言葉ではなく、その言葉の裏に秘められた真意を見るというのが「耳視」です。なぜなら、情報知覚と五感の関係では、視覚83％、聴覚11％の二つで94％を占めています。ちなみに嗅覚3・5％、触覚1・5％、味覚は1％です。この視覚83％、聴覚11％の二つで94％が曲者で、それに囚われる傾向があるからです。

若い世代の自己肯定感の低さがよく話題になります。しかし臥龍は「敢えてデータ無視！」で臨みます。データよりも「未見の我」を信じ切り、近い将来に現れる「未来相」に寄り添います。最近では、「Z世代」という言葉を聞きますが、臥龍はまったく信じていません。たかだかここ数十年の地層を観るのか、数百、数千年の地層「日本精神・士魂商才」を観るのかです。人は、観られた通り、扱われた通りに反応します。

21 「人を巻き込む伝道師」を生み出す「事業観」

「事業観」の臥龍事例：「人本主義」「未来ファースト（恩送り）」

臥龍は、35歳からの台湾交流の中で、台湾のインフラを整えた後藤新平氏の存在を知ります。政治家を引退した折には、日本ボーイスカウト連盟を創り、子どもたちの育成に尽くされます。生前に発言された最後のお言葉を読んで、痺《しび》れました。

「財を遺《のこ》すは下
事業を遺すは中
人を遺すは上なり
されど財なくんば事業保ち難く
事業なくんば人育ち難し」

後藤新平氏

私は、財を遺すことを目的にして、人をその道具として使うと「拝金主義」であり、企業は「社会人大学」、人を遺すことが目的で財は重要な手段と考えれば「人本主義」となると考え、「人本主義経営」を普及するために、コンサルティング事業を行うと決めました。

そして、良い事業、良い会社、良い商品とは、未来の子どもたちがあって良かったと思うものと定義しました。それが「未来ファースト（恩送り）」です。

この「人本主義」と「未来ファースト（恩送り）」を磨き続け、語り続けることで、価値観の同じ方々がたくさん集ってくださいました。いつの間にか、「人を巻き込む伝道師」になっていたのです。

「資本主義」の"目的"にも幅がある

「人本主義」度100%⇔「拝金主義」度100%

財を遺すは下
事業を遺すは中
人を遺すは上なり

されど
財なくんば
事業保ち難く
事業なくんば
人育ち難し

22 「純水」でないと買いませんね!

コンビニに入って、ミネラルウォーターを買おうと見たら、ペットボトルの中に一点の濁りがあります。

Q. あなたは、買いますか? 飲みますか?

多分、買いませんね。あなたが飲みたくないものは、神様も飲みたくありません。

我が「事業観」をチェックしてみてください。

1. 私利私欲はないか? 「愛」や「大義」で発しているのか?

2. 純粋か? 天が応援してくれるものか?

3. 腹落ちしているか? 腹の底から語れるものか?

あなたの「三観」を「純水」へとろ過していく一番いい方法は、「プレゼン」です。ご自分の「人生観」「人間観」「事業観」をそれぞれ10分間で語ってみるのです。

聴衆想定は、目の前に社内外の幹部候補生が10人いて、自分のスピーチを聞いたら、全ての人から「いい気づきをいただきました。生涯の糧にします！」という反応が返ってくるイメージです。

臥龍の場合は、架空ですが、後藤新平氏や土光敏夫氏に語り掛けてみて、どういう反応が返ってくるかとイメージします。これを何度も反復連打していくと、ある瞬間に「純水」になった感覚を得ます。

そのときから、あなたの語りは、驚くべき波及力を見せ始めます！

4 か月目

マイ・ルーティンを始める！

世界を変えていく力の源泉は、あなたの「習慣力」にあります。少しずつ「マイ・ルーティンの年輪」を広げていきましょう。

23 良樹細根〜「神は細部に宿る」

「大樹深根《だいじゅしんこん》」はブレない人生を創りますが、合わせて「良樹細根《りょうじゅさいこん》」も大事です。大事を成している人ほど、細部を大切にしているものです。

臥龍が松下幸之助研究会を主宰した折、松下幸之助氏の下で働いた方々からいろいろとエピソードをお聞きしました。お得意先様を招いた会合、その席に配布物を置くときにはたこ糸を使ってタテ、ヨコをピシッと合わせるそうです。そういう物が揃った会場は、一歩足を踏み入れただけで背筋が伸びる感覚を与えるそうです。お昼に出すお弁当に関しても、担当者に「君、実際に食べてみたんか?」と聞き、宴会で出す日本酒も「どの温度が一番美味しいか、銘柄毎に調べたのか?」と聞いたそうです。京都のかつての松下幸之助氏の別邸「真々庵《しんしんあん》」では、ときどきゲストを招いたそうです。責任者が玄関前に水を撒いていたときに、「君、今日の気温や湿度では来客到着の何時間前に撒いたら一番いいか、それを考えて撒いているのか? 単に撒けばいいというものではないで」と言われたそうです。

24 役柄（キャラクター）が持つ特徴的な言動の体得

あなたには成りたい役柄に成れる力が備わっています。ここで必要なものが、役柄（キャラクター）が持っている言動の特徴設定です。

「人間は食べ物と言葉でできている！
食べた物で身体が作られ、
聞いた言葉で心が作られ、
語った言葉で未来が創られる！」（臥龍）

「思考に気をつけなさい、それはいつか言葉になるから、
言葉に気をつけなさい、それはいつか行動になるから、
行動に気をつけなさい、それはいつか習慣になるから、

習慣に気をつけなさい、それはいつか性格になるから、
性格に気をつけなさい、それはいつか運命になるから」（マザー・テレサの言葉）

あなたが成りたい役柄が、日常的に行っているであろう「思考・言葉・行動の習慣」を実際に身につけたときが、実は役柄の完成なのです。

この「習慣力（マイ・ルーティン）」を自分の意志力でできる人は素晴らしいですが、さらにできれば「仕組み力」を活用することをお勧めします。

代表的なものには、「一学一践バディ制度」があります。今月は、この習慣を一つ身につけると決めて、毎日、バディに実践報告をしていくのです（交換日記）。「習慣力（マイ・ルーティン）」の体得は、木が年輪を重ねていくことに似ています。いい木ほど、年輪が詰まっています。そして、年輪は減りしません。

それが「習慣力（マイ・ルーティン）」です。

「習慣力」の年輪を重ねる

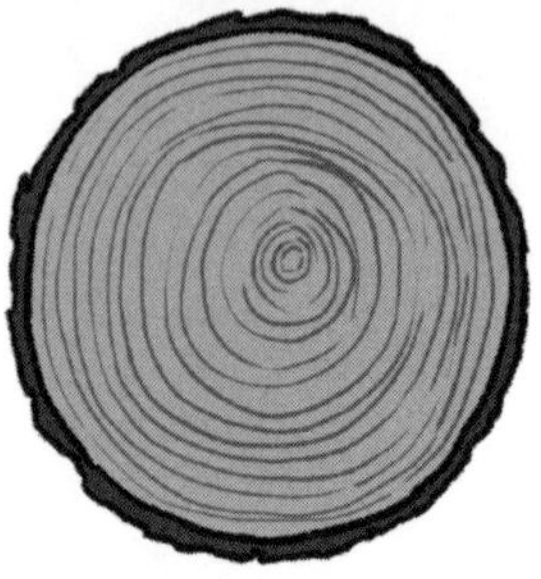

25 「ぜい変」は、成ってしまうもの！

卵が幼虫、幼虫がさなぎ、さなぎが蝶になるように、人も「ぜい変」できますが、成ろうと思ったら成れるというものではありません。が、マイ・ルーティンの年輪を重ねていくと、10年輪から20年輪くらいのところで、自分が「ぜい変」していることを知ります。「ぜい変」は成るものではなく、成ってしまうものなのです。

この習慣力（マイ・ルーティン）をコツコツと重ねていって、ふと振り向くと、年輪をずいぶん重ねていることに、あなたは気がつき、驚かれることでしょう。

臥龍も年輪を重ねているうちに、いつの間にか、「臥龍老師ゾーン」に到達していたようです。

臥龍のマイ・ルーティンは全部で47個ありますが、次は抜粋です。

★代表的な思考のクセ

1．思考の原点「全ての因は我に在り」、生き様「一日一生、残能全開、出し惜しみゼロ、言い訳ゼロ」、念願「2100年に生まれる子どもたちが〝あって良かった!〟と思える社会志産を6つ遺す」ために、一貫した生き方を貫く。

2. 根拠のない確信で始め、走りながら自信に変える人生を歩む。

確信の3ステップ

① 社会に善なるものか?

② 私利私欲はないか?

③ 魂がワクワクするか?

3. この世に失敗は存在しない。あるのは「成功」と「挑戦中」のみ。問題にぶち当たれば、0・5秒で「これは何のチャンス?」と置き換える。

4. 判断は、常に損得よりも美学・士魂商才。日本人であることの覚悟を持って生きる。

5. 神仏は尊べど、頼らず。死ぬときに、走馬灯を見て、〝まったく同じ人生を歩んでも悔いがない!〟と言いきれる人生に近づき続ける。

★代表的な言葉のクセ

1. 思考が言動化される前に、脳内字幕で瞬時に先読みを行い、不適切な場合は修正し、アウトプットを行う。
2．顧問先でのマイナス発言ゼロ。
3．「何か打つ手はないですか？」に対して「わからない」と言わないで「3つある」と言う。
4．受け手が一切の迷いを生まない「明確な指示」を出す。
5．平時は「美しい会話」で心が浄化されるゾーンを生み出す（非常時には、鬼神降臨）。

★代表的な行動のクセ

1．脳幹に焼きつける人生プログラムである「千回行シート」と「幸せ家訓カード」の脳内インストール。
2．毎朝、神棚に「本日の命に感謝します。2100年に生まれる子どもたちが〝あって良かった！〟という社会志産を6つ遺すために、今日も一日一生・残能全開でこの命を使い切ります」と誓願する。
3．2秒で意思決定＆2秒でその意思決定の自己検証を行う。勉強会でのメモは、アウトプットするパワポ原稿で取る。見学会から48時間以内に導入するための仕組みを決める。
4．必ず事前期待を超える。臥龍ブランドの信用を死守する。

5. 一日一生決算。平日のメルマガの発行。自分の亡き母と妻の母への感恩ハガキを毎日書く。読書は章毎に一言集約する。

★最近増えた年輪

ちなみに最近加わったマイ・ルーティンは、以下の2つでした。

1. 社長の従業員への愚痴・不満にはつき合わないで、逆に長所進展・未来完了形の見方に導く。
2. 第一に寄り添うのは「法人」、次に寄り添うのは「社長」。「法人」の「この世に生まれたからには、ここまでお役立ちを広げたい」という願いのほうが、社長の想いに優先する。

26 「スピード感のなさ」が日本全体を貧しくしている

臥龍は、「日本の失われた30年」の真因は、「スピード」と「イノベーション」が圧倒的に不足している点にあると思っています。

『スピード感のなさ』が日本全体を貧しくしている。

ビジネスシーンの状況はめまぐるしく変わっていくのに、日本企業は決断が遅い。いや、『遅すぎる』。もちろん早い企業もあるが、おおむね遅いのは否めない。高速道路に自転車がいるようなものだ。（中略）当の日本企業が、スピード感がないことでどれだけビジネスチャンスを失っているかまったく自覚していないことだ。（中略）個別の企業が、スピード感がないゆえ損をしているというだけではない。このこびりついた悪習が、日本全体をダメにしているということだ。このスピード感のなさが、日本人を貧しくさせているのだ。この数十年で日本は莫大な富を失った。

『世界は悪ガキを求めている』妹尾輝男・著（東洋経済新報社）より

語弊を恐れず言えば、大抵の改革は、スピードさえあれば何とかなるものです。先手を早く打てるというだけでなく、撤退あるいは修復にも早く着手できるようになるからです。（中略）目まぐるしく世界情勢が変わる今の時代に、昔のようにあらゆる部署の要求を聞き、みなが納得するような案を導き出すようなやり方をしていたら、改革はできません。結論が出るころには、他の企業ははるか先を走っているでしょう。しかし、スピードをもって改革をしていれば、たとえ経営判断で誤りがあったとしてもすぐに撤退でき、修復できます。何も行動を起こさないで議論を重ねるより、行動を起こしてから修正する。今の時代はそのスピードこそが求められています。

『ザ・ラストマン』川村隆・著（角川新書）より

Q．1・2倍は少しの差？　それとも大差？

あなたはどう答えますか？

戦後の復興期、輸入するには外貨（ドル）が要りました。ホンダやソニーなどのベンチャー企業が、世界企業に駆け上がっていくスピードに、世界は度肝を抜かれました。それから50年で、いつの間にか、先進国のスピードレースで、最低スピードに落ちています。が、周りも遅いので、カメの群れの中のカメは、自分の遅さに気がつかないのです。

それに気がついていただく機会として、日台事業家交流会を25年間続けています。日本と台湾でのスピード差は1・2倍です。あなたが昨年に比べて、今年を1・2倍スピードにすると、実は実働で40日分余計に仕事ができるのです。

一人の人が、200日、1日8時間働く＝年間1600時間。その1・2倍は、年間1920時間。つまり320時間分、40日分、余分に仕事ができるわけです。これが、10人の社員だとプラス400日分、100人の社員だとプラス4000日分です。

よく「臥龍先生は、人の3倍の仕事量をこなしていますが、どうやっているのですか？」と聞かれますが、「悩まない、止まらない、振り返らない。つまり早いということです」と答えています。

27 「意思決定」でスピードを倍化しよう！

驚かれるかもしれませんが、「意思決定」は、実は勘で行うのです。

外食産業の雄・物語コーポレーションの実質創業者小林佳雄さんは次のような掟を提示されています。

小林の掟　「立ち止まって考えること禁止！」

禁止事項　「立ち止まって考えよう」

（100年経ってもわからない。やってみないとわからない）

ルール1．理念と良心に照らし、「言いなさい」「やってみなさい」

ルール2．これをやれば誰かが喜ぶことをやってしまえ。

ルール3．やらなければならないと思えばやってしまえ。

要は「止まるな」ということです。なぜ止まるかと言えば、「意思決定」から逃げてしまうからです。「意思決定」ができれば、なぜ止まらないかと言えば、「意思決定」は勘でやるからです。

臥龍も基本、意思決定は2秒以内です。意思決定を数多く行い、その結果、検証を数多く行うことで、勘が磨かれ、勘が当たるようになります。20代のときほど、たくさんの意思決定をさせて、勘を磨くことです。結果、堂々とした30代になります。20代で意思決定をさせていないと、部下から見て、自信のない、頼りないリーダーになってしまいます。

実は、「ベストな選択」をするために時間をかけることはかえって良くない選択につながることが種々の実験で証明されています。例えば、オランダのラドバウド大学の心理学者ダイクスターハウスらが、お得な中古車を選ぶ実験を行いました。「よく考えて選ぶグループ」では正解率25％、「選ぶ時間が少ないグループ」では正解率60％でした。理由として、短時間で決めなくてはいけないグループは、時間がない分、情報に素早く正しく優先順位をつけて合理的に選択したのですが、「よく考えて選ぶグループ」では、だんだん迷いが生じたからです。

猛スピードで回転させることで

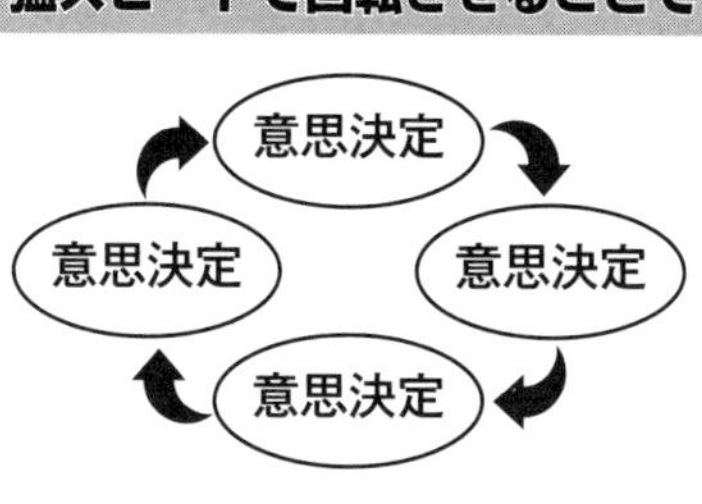

勘が磨かれる！

28 意思決定には2種類ある

しかし、勘でやってはいけない意思決定も一部あります。

意思決定には2種類ある。

ひとつは、いったん決めたら後戻りできず、影響が深刻な意思決定だ。このような決定はゆっくりと慎重に下さなければならない。私自身、アマゾンの「最高引き止め責任者」として牽制役になることも多い。「おいおい、ちょっと待て。それって後戻りできないし影響も大きいから、あと17回くらい分析してから決定したいな」と待ったをかける。

だが一方で、ほとんどの決定はそんなふうでなくていい。たいていの決定は「後戻りできる」からだ。

『Invent & Wander』ジェフ・ベゾス・著（ダイヤモンド社）より

臥龍の経験では、後戻りできないような意思決定は、年に4回くらいです。ほとんどは瞬時に意思決定できます。

部下には、20代の間に、数多くの意思決定をさせ、勘を磨いてあげてください。勘が働かない上司がいる部署は、それだけで世の中から置いていかれます。

スピードの大切さ

29 違和感を見過ごさない「厳愛」

プロの職場には「メリハリ」があります。

「人に優しく、事に厳しく、場は楽しく」

人に優しく＝個性を認め、議論し、意思決定させる。

仕事に厳しく＝決めたことをやり切ることに妥協しない。

職場は楽しく＝ワクワク感が才能を開花させる。

〝あれっ、これおかしいな〟という違和感を見逃すと、異常が風景化していきます。業績が上がらない会社は、これをやっていたら儲からないだろうということが「風景化」しています。不幸になる方の生き方には、これをやっていたら不幸になるだろうということが「風景化」しています。

事故の起こる現場には「ハインリッヒの法則」が当てはまります。アメリカの損害保険会社に勤めていたハインリッヒという人が、ある工場で発生した5000件余りの労働災害についてその原因を調べました。すると、１件の重大な労働災害が起こる背景には29件のヒヤッとする軽い事故があり、さらにその背後には３００もの小さなミスがあったということです。臥龍は、これを「ヒヤリハットの法則」と言っています。「ヒヤリとすること」「ハッとすること」を見逃していると、必ず事故が起こります。

毎年決まったように、データの改ざんなどの企業の不正不祥事が報道されます。想像ですが、最初の１回、２回はビクビクしたと思います。しかしそれが慣れとなり、職場の申し送りになります。完全に「異常の風景化」です。でも何年か後に異常に気がつく人が現れ、「告発」という形で社会に表面化します。誰もがＳＮＳという発信力を持つ時代、不正不祥事は必ずバレると思っていたほうがいいです。

「違和感」を見逃さない、風景にしないために、常に何が正しいことか、世間の常識かと考えることや、いい会社を見に行くことで、自分のアンテナを磨き続けることです。マンネリは、すぐにアンテナをさびつかせます。

ヒヤリハットの法則

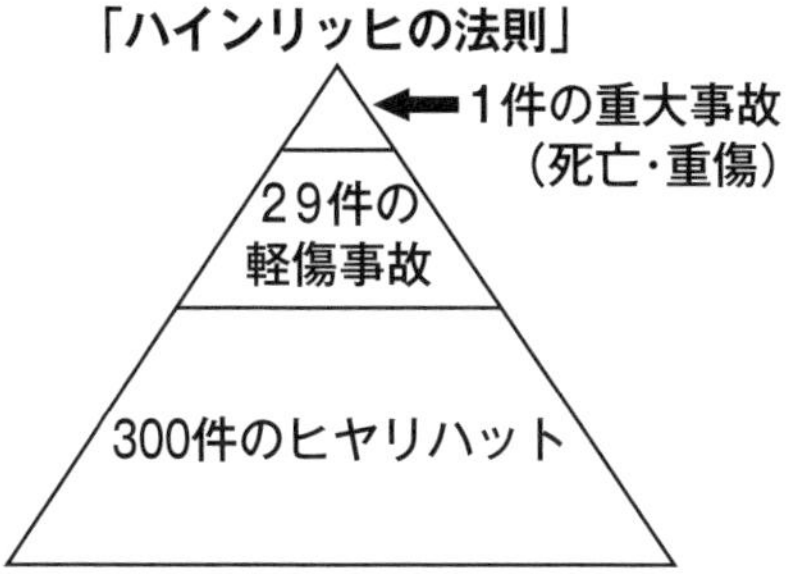

30 「嫌われ役」であっても、「嫌われ者」にはならない

職場に「嫌われ役」がいない会社で、目標達成や改善進化が生まれることはありません。なぜなら、人は正しいことでも、新しいというだけで拒否感を持つからです。

リーダーになるとは、「嫌われ役」を演じても「嫌われ者」にはならない人間力を磨くチャンスを手に入れることなのです。

人に注意するのは勇気が要ることです。そのときには、次のように考えてみることです。

1．自分に仮に子どもや弟や妹がいたとして、就職したときにどのような上司についてほしいと願うか？　甘やかしてくれる上司か、将来を想って厳しいことを言ってくれる上司か。

2．今はわかってくれなくていい。3年、5年、10年後に「あの人の一言があって良かった」と言ってもらえればいい。

31 表明表現クセを失うと危険

臥龍は次のような言葉に「違和感」を覚えたら、すぐに表明するようにしています。なぜなら、表明クセを失うと、自分もすぐに異常な風景の一員になるからです。

1. 「現場のお客様対応が忙しくて、HPの更新やSNSの発信をやる時間がないです」
2. 「頑張ったんですが、できませんでした。頑張ったんですが、目標が未達でした」
3. ネットによると……。広辞苑によると……。
4. 「自分は継続が苦手なんですよね」
5. 「自分は朝起きるのが苦手なんですよ」
6. 「将来、できたら店長（社長）に成りたいと思います」（＊「思います」ではなく「成ります」が正常）
7. 「よく準備してから始めたいと思います」
8. 「じっくり考えてから決めたいと思います」

32 「やればできる」ことに気づかせる「慈愛」

「できない」の本質は？
「できない人」と「やらない人」のどちら？
「やらない人」を「やったらできた人」に変えるのは誰？

長坂養蜂場の長坂恭輔専務は、元々はご自分のことを持続力の弱い人間だと思っていたそうです。しかし自分の尊敬する人は皆、継続を大事にしていることに気がつかれます。そしてある尊敬する企業のトイレ掃除を見て、自分もこのことだけはやろうと決断されます。そして3年間、どんなことがあってもやり遂げられました。例えば東京に出張がある日には、前の晩に会社に寄ってトイレ掃除をされたそうです。この体験を通じて、人はできないのではなく、単にやっていないだけ、やればできるという真理に気がつかれます。

例えば経営計画発表会の日に、「自分、続けるのが苦手なんですよ」という言葉をつぶやいた従業員が2人いました。それを聞いた長坂さんは、「これから休日以外の日は、毎日私に実践報告して。私もコメントを返すから、一日の例外もだめだよ」ということを告げます。そして約２５０日、２人はやり抜き、結果、自己肯定感が上がり、「決めればやれる人間」に変わっていきます。そして社内に「決めたことはやる。やり始めたことは継続する」という企業文化を広げていきます。結果、業績目標もほぼ１００％達成という会社に変身したのです。

臥龍は、「企業業績とは、一人ひとりが自分との約束を守ることとの集積である」とお伝えしています。

長坂恭輔さんの継続力

ヒト☆ピカ企業　**長坂養蜂場**

はちみつを主に扱う健康食品メーカーです。浜名湖湖畔の店頭と通販で販売しています。商圏人口１・５万人の立地、コンビニ並みのコンパクトなサイズで年間来店客数35万人、Google map 評価が４・２でコメント１８００件超（２０２２年11月現在）と、そのファン創りのパワーが注目を浴びています。力の源泉は、理念「ぬくもりの創造」を実践するマンパワー・人間力の発揮にあります。２０１９年「文部科学大臣賞」受賞、翌年「日本で一番大切にしたい会社」特別賞受賞。

長坂養蜂場 HP

33 出鼻をくじくな

「全ての因は我に在り」「矢印を自分に向ける」「コンパスの法則」「鏡の法則」「自責の視点」「インサイドアウト」の芽が出たときに、その芽を摘んでしまう人がいます。それは「消燃人」です。

「可燃人」が燃えようとしたときに、「お前なんかできるはずがない！」と冷や水を浴びせて、その火を消そうとします。また「消燃人」は、よく出鼻をくじきます。

松下幸之助氏は、この点を厳に戒めていました。少し長い引用ですが、とてもわかりやすい表現なのでご紹介します。

松下幸之助は、たとえ取るに足りないような提案であっても、「それはつまらない」と言ったり、相手を無視するようなことはしなかった。どんな場合でも、「いい意見やなあ」といつも感心した様子でほめてくれたと、薫陶を受けた多くの方々が証言している。

「さあできますかな」というて、それとなしに乗ってこない場合は、言いかけた僕がもう出鼻をくじかれたように思って、勇気がなくなっちまう。僕でさえそうや。まして部下に出鼻をくじくようなコトをいうたら、みんな勇気がなくなっちまう。おだてるわけやないけども、真にその発意を賛成する。そして成功にもって行くような勇気を与える。そこからまたいい考えが出て、通らんもんもいつかはできるという訳や。ええもんができる、そういう空気をつくらなアカン。

責任者は部下からの提案に出鼻をくじくような言動は断じてやってはいかん。部下からは無限の知恵が出てくる訳や。その知恵を吸い上げていったらいい。そうしたらその人は、どんどん伸びていくわけや。

みんながわが事のように考えを述べる。それが入れられる、入れられない場合でも、提案したということを称賛される。そのことは用いられない。四囲の事情でまた見方によると、それは今無理であるということがたくさんある。しかし、提案をしたということがいかに尊いことであるかということを、同時にその人に植えつけないけない。それを、「こら君、こんなんあかんで」と、こういうように、たやすくこれを葬るということは、絶対に私は禁物だと思うんです。

松下資料館展示視聴ブース『部下の提案を喜ぶ』の映像より

部下が喜び勇んで仕事をするように上司は指導しなければいけない。部下が提案しやすいように、たえずそれを受け入れる体制を心の中にもっていなければならないと、松下幸之助は責任者に説いていた。部下の提案に対して、「いや君だめだ」と言う。また来る。「ああ君、これもだめだ」と言うようなことでは、「提案してもムダだ、やめておこう」ということになり、決まった仕事しかしなくなってしまうでしょう。それでは、進歩も向上も生まれてこないのです。

『松下幸之助　一日一話』松下幸之助・著（ＰＨＰ総合研究所）より

「先生、うちの従業員は成長意欲が低いので困りものです」や「同じことの繰り返しで、改善意欲が低いので困りものです」と言う社長と出会うことがありますが、その真の原因は社長の「出鼻くじきクセ」にあります。それを「発意活かしクセ」に変えないと社風は変わりません。

34 「おだてる」と「ほめる」の違いは？

臥龍には、コンサルタント会社に勤務中の20代にヒヤッとした経験があります。

ゲスト講師の駅から会場への送迎は若手の仕事です。その日の講師は、ハガキ道の坂田道信先生でした。普段、とても穏やかな方です。講演終了後、タクシーで駅までお送りしました。

助手席の臥龍が、「いやー、先生のお話は、いつ聞いても素晴らしいですね！」と後ろの席の先生に話し掛けました。その瞬間、車内の空気がピリッとなりました。

「角田さんね。具体的にどこが良かったと言わないと、それはお世辞やおだてだよ」

普段とは違う厳しい語調にビックリしながらも、「失礼しました。今日の先生のお話で、成功の秘訣は『諦めないこと』というのが、心に沁みました。ありがとうございます」と言いました。

「ほめるは、小さな事実に光を当てること」、これは生涯、心に刻まれた教訓となりました。

35 人財育成の名言

人財育成の名言には、昔から「ほめる」ことの重要性が説かれていました。

やってみせ、言って聞かせて、させてみせ、
ほめてやらねば、人は動かじ。
話し合い、耳を傾け、承認し、
任せてやらねば、人は育たず。
やっている、姿を感謝で見守って、
信頼せねば、人は実らず。

山本五十六の言葉より

可愛くば、五つ数へて三つほめ、

二つ叱って良き人となせ。

二宮尊徳の言葉より

臥龍は次のように置き換えました。

まず、できていることを三つ以上ほめ、
次に、「ここだけできたらいいね」という
「いもづる」の蔓《つる》を一本与え、
最後に、「君ならできる！」という
激励を与えよう！

36 「針小棒大」に叫ぼう！

子どもや部下は、できたから自信を持つのではないのです。できたことをほめられるから自信が芽生えるのです。

ほめるとは、小さな事実に光を当てることですが、どうせ光を当てるならロウソクの灯ではなく、サーチライトで当ててみましょう。

親は子どもを「針小棒大《しんしょうぼうだい》」にほめていますか？

上司は部下を「針小棒大」にほめていますか？

「針小棒大」の枕言葉は、「さすが」「すてき」「すごい」などです。

照れずにこういう枕言葉を使いたいものです。

「A君の提案はさすがだ！　スティーブ・ジョブズもビックリだよ！」

「B君の気配りはすてきだね！　帝国ホテルのサービスマンも見習うよ！」

「C君のねばりはすごい！　サッカーにたとえるとメッシだね！」

37 グッドグラスを掛けて「ほめ達」になろう！

ほめる達人は、心の目に「グッドグラス」を掛けています。右のレンズには「美点凝視」、左のレンズには「共通点凝視」が入っています。美点を凝視すると、欠点がぼけてきます。共通点を凝視すると、相違点がぼけてきます。

逆に「バッドグラス」を掛けると大変です。右のレンズには「欠点凝視」、左のレンズには「相違点凝視」が入っています。欠点を凝視すると、美点がぼけてきます。相違点を凝視すると、共通点がぼけてきます。

営業と製造は立場が違いますが、お客様あっての給与という点は一緒です。社長と従業員は立場が違いますが、良い会社を

Q. あなたの心眼に入っているレンズは？

・グッドグラス
　⇒美点凝視
　⇒共通点凝視

・バッドグラス
　⇒欠点凝視
　⇒相違点凝視

創りたいという点は一緒です。世界各国、それぞれのイズムがあり、立場が違いますが、地球あっての生存という点では一緒です。

なお、「ほめる達人」を多数育成することで、日本を良き国にしようという運動を、西村貴好さんこと「ほめ達」が、一般社団法人日本ほめる達人協会を通じて展開しています。

ぜひ、「ほめ達」検定にチャレンジしてみてください。

一般社団法人日本
ほめる達人協会 HP

38 日本は「おもてなし大国」で「人助け小国」

２０２０年の東京オリンピックの開催が決定したときに流行った言葉は、「おもてなし」でした。しかし、「おもいやり」のほうは、いかがでしょうか？

「世界人助け指数」というものがあり、世界１１４か国が対象で、イギリスの慈善団体「Charities Aid Foundation」（ＣＡＦ）が選定しています。アメリカの市場調査会社ギャラップが行った１１４か国12万１０００人超の人々への電話インタビューがベースとなっています。残念ながら日本は、１００位以下の低位置に甘んじています。

あなたが次のような街頭インタビューを受けたとしたら、どう答えますか？

Q．直近1か月の間で、以下のことをされましたか？　ＹＥＳかＮＯでお答えください。

１）助けを必要としている外国人や見知らぬ他人などに対して何か手助けしたことがありますか？

3）ボランティア活動を行いましたか？
2）寄付をしましたか？

「おもてなし」とは、お客様や友人・知人など顔が見えている方が対象です。ここには、対応をキチンとしないと「あの人、あの会社、あのお店はダメ」という噂が流れかねないという恐怖があります。島国・農耕村社会の感覚です。

しかし、お客様や友人・知人などとは違い、自分との関係性が遠くなると一気に気持ちが薄くなる傾向にあります。「世界人助け指数」の評価基準は、全て仕事でもなく、友人・知人から頼まれたものではありません。日本は「おもてなし大国」でありながら、（地球の反対側への）「おもいやり小国」と言われる所以です。

臥龍は、国際協力NGOワールド・ビジョン・ジャパンの特別支援者として活動させていただきながら、人口や経済規模に比べて、日本人の世界の子どもたちへの支援の低さを常に痛感しています。臥龍ファミリーでも、チャイルドスポンサーに参加するだけでなく、優秀社員表彰の副賞として、海外の支援地域の訪問をしていただき、遠く離れた国での苦しみにも共感できる気持ちを育んでいます。

39 「無縁社会」から「有縁社会」へ

血縁、地縁、社縁が消えていく「無縁社会」という言葉は、2010年1月にNHKのドキュメンタリー番組の中で用いられた造語で、この年の流行語大賞に選ばれましたが、そのとき背筋が寒くなったのは、臥龍だけではなかったはずです。

漫画が原作で、東京タワーが建つ頃の東京を舞台とした映画『三丁目の夕日』（東宝）を観られた方も多いと思います。物質的豊かさは今の10分の1くらいですが、温かいコミュニティがありました。

そこにあったのは、「おせっかい」でした。一時には、バッドイメージがついた「おせっかい」でしたが、令和になって急激に復活をしてきています。「おせっかい」を、「有縁社会」復活のカギと見る方が増え、臥龍の顧問先でも、「おせっかい」を理念に掲げる企業が増えています。

40 「おせ達（おせっかいの達人）」が「おもいやり指数」を上げる

臥龍は、「おせ達（おせっかいの達人）」という言葉を考え、商標登録を取りました。

岩手のリフォーム会社である絆すてーしょん、それを担う石川秀司さんと利佳子さんご夫妻の「おせっかい」を見たことが、「おせ達（おせっかいの達人）」誕生のきっかけでした。

そして、「おせ達検定」で、日本を「おもいやり大国」にしてくださいと、石川ご夫妻に一般社団法人日本おせっかい達人協会を託しました。

要は、「おもいやり」の「見える化、行動化、伝わる化」のシンプルルールが必要なのです。

結論は「おせっかい」です。

あなたのおせっかいランクはいかがでしょうか？

一番大事なことは、見て見ぬフリする「傍観者」にならないことです。社内でも、仲間の苦しみ、悩みに対して、見て見ぬフリする「傍観者」にならないことです。

石川ご夫妻の
おせっかい

石川利佳子さんの
おせっかい

日本おせっかい達人
協会 HP

【おせっかいのランク】

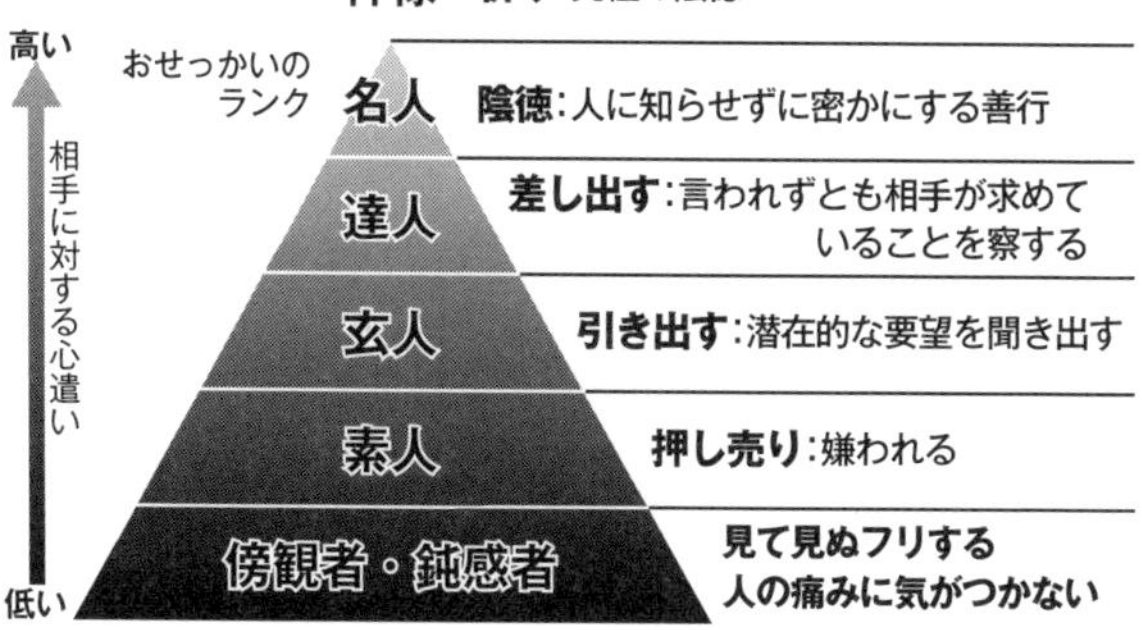

41 「ナニダレの法則」～何を言うかではなく、誰が言うかが大事

ＡＩ時代が迫り、今ある職業の約半分がなくなると言われています。しかし、これは恐れる必要はありません。

ＡＩが得意とするところは、データの蓄積と的確な引用です。この分野で競っても勝てません。ＡＩが当面、追いついてこられない分野で勝負すべきです。

代表的なことは、創造性、ホスピタリティそしてリーダーシップです。

このリーダーシップで重要な法則が「ナニダレの法則」。

何を言うかではなく、誰が言うかです。

同じことを言っても、あの人が言うと白けるが、この人が言うと皆が本気になるということはよくあります。

42 「一貫性」が「ナニダレの法則」を生む

「あの人が言うなら仕方がない」という人が持っている特質が「一貫性」です。下の表に示したAからFの6人のタイプで、信頼できる人の順位を臥龍の顧問先研修でつけていただくと見事に一致しますが、意外なことにDのタイプの人の信頼度が低いのです。これは「感動創造方程式」で説明ができます。

実は、良いことを言うと事前期待値が上がるのです。

例えば、「経営が厳しいが、皆、しっかり倹約して乗り切ろう」と朝礼で言った社長が、翌週、自分の車を国産車から高級外車に乗り換え、従業員が白けたという場

信頼度の順位

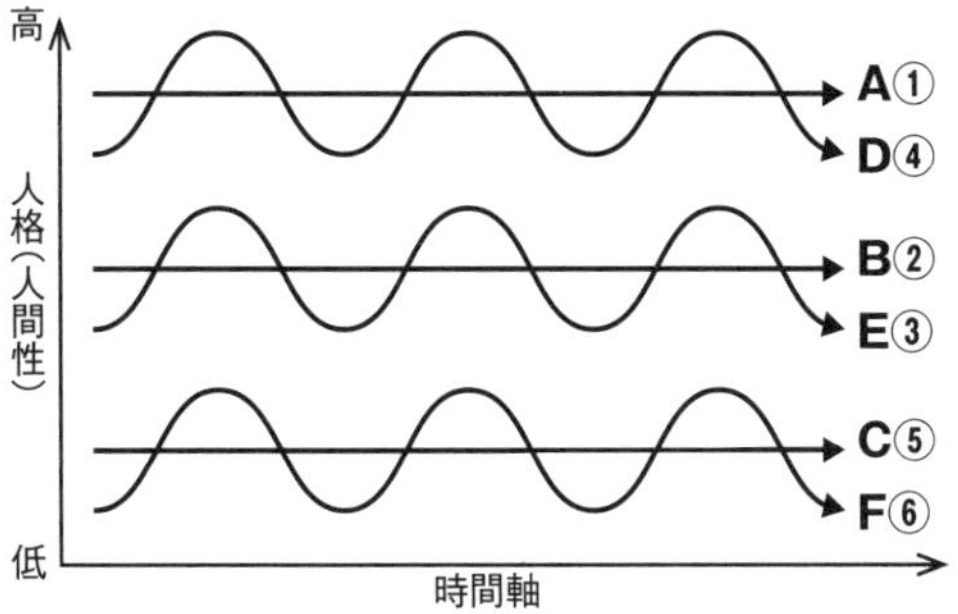
Dは4位：「惜しい人」「もったいない人」

面を見たことがあります。
一貫性の悪い見本としては、アドルフ・ヒトラーが浮かびます。機械ものに強い、左脳型のドイツ人が、なぜ、あのような扇動に染まってしまったのか？ それは、ヒトラーの「一貫性」にあります。ヒトラーが、「昨日はあのようなことを言ったが、実はユダヤ民族も素晴らしい面がある」というようにブレていてくれたらいいのですが、パフォーマンスに「一貫性」があることが招いた悲劇です。

感動創造方程式

A. 事前期待 < 事後評価 ⇒ 感謝・感動・感涙

B. 事前期待 ＝ 事後評価 ⇒ 満足

C. 事前期待 > 事後評価 ⇒ 不満・苦情・去る

43 あなたは「言動管理職」

リーダーは部下の管理をしなくていいのです。一番するべきは自分の言動の管理、「言動管理職」なのです。

映画を撮るには、台本・主演・監督が必要ですが、主演の演技が役柄とズレていたら監督が修正してくれます。しかし私たちは、自分で台本を読み、自分で演じ、自分で修正指示を出さないといけません。

臥龍も、経営者専門メンターと第二創業実現支援コンサルタントとしての台本を読み、演じ、日々観察し、修正を続けています。

上の役職になるほど、自分の何気ない一言が、組織を白けさせる恐れがあることを知らないといけません。そのためには、自分に直言してくれる人を社内外に持つ必要があります。あるいは、普段から忠告されやすい雰囲気を漂わせることも必要です。

44 「コピペ話」は要注意

感情的になるのは良くないですが、感情は大事にしたいものです。伝えるものは言葉ですが、その言葉に熱があることがもっと大事です。言葉が記憶に残らなくても、熱は心に残るものです。会議の場でも、目の前の人に伝える言葉ではなく、後ろの壁を突き抜ける「言力」で語ることが大事です。

そして要注意なのが「コピペ話」です。

つばさホールディングスの「ヒト☆ピカ経営プレジデントスクール」で、最後の決意表明のリハーサルをしたときです。同席していた代表の猪股浩行氏が激怒しました。

「それはどこから引っ張ってきた言葉だ？　お前の言葉はどこにある？　自分の言葉で語れなくて、部下がついてくると思うか？」

誰でもがインターネットを利用する時代。もっともらしい言葉、美しい言葉を誰もが書き、語れる時代になりました。しかし、それでは人は動いてくれません。もしそれで動いてくれるのであれば、ＡＩがリーダーシップを発揮します。しかし当面、それはありません。自分の言葉、中でも「志・使命感」「人生観・人間観・事業観」を語るリハーサルを欠かさないことです。

ヒト☆ピカ企業

つばさホールディングス

東京多摩地区を中心に、地域と日本を元気にするグループ経営を推進しています。企業の原点は代表・猪股浩行氏が創業した「アクティブ感動引越センター」です。その感動創造の人間力を、Ｍ＆Ａした各企業に注入し、企業再生を行い、現状６社の子会社、７社の関連会社までグループパワーを高めています（２０２２年11月現在）。２０１７年に開校した「ヒト☆ピカ経営プレジデントスクール」は、将来、人を輝かせる企業経営をしたいという社会人が受講し、卒業生からホールディングス内の社長や役員が誕生しています。

つばさホールディングスHP

5か月目

世界を変える！

あなたは、世界を変える準備ができました。
半径5メートル以内を変えていきましょう。
それが波及して、世界は変わっていきます。

45 たかが挨拶、されど挨拶

世界を変える第一歩は「挨拶」です。これまでのあなたとは違う、個人と向き合った熱い「挨拶」を始めてください。必ず半径5メートル以内を変えていきます。

長野県の自動車ディーラー・酒井商會では、「挨拶は、自社も地域も、その未来像をも変える」という想いで、実践されています。

酒井商會の挨拶力

ヒト☆ピカ企業　酒井商會

長野県須坂市の自動車ディーラーです。「あいさつ日本一企業」を目指していますが、単に社内だけでなく、幼稚園・小学校・各種団体に出向いての「あいさつ研修」や社員がキャラクターに扮しての「あいさつ寸劇」が好評を博しています。その波及が行政にも届き、須坂市の市役所が、日本初の「あいさつ課」を設けるに至ります。

酒井商會 HP

46 あなたは「理念のアンパイヤ」～理念に照らして、ほめる・修正する

会社とは理念を実現するために存在します。ですから採用も、理念実現の同志に加わっていただくための「理念型採用」です。そして理念を実現する最も大切な場所は現場です。

ですから組織図は、必然的に逆三角形になります。一番下にくるのは、理念教祖の社長です。中間は、現場の理念実現を支援する支援職です。

この「逆三角形」の上辺は、野球のグランドのようなものです。ピッチャーは、マウンドで投げる球種やコースを決めて球を投じます。意志決定の場面から逃げるこ

逆三角形の組織図

真実の組織：ORGANIZATION OF TRUTH

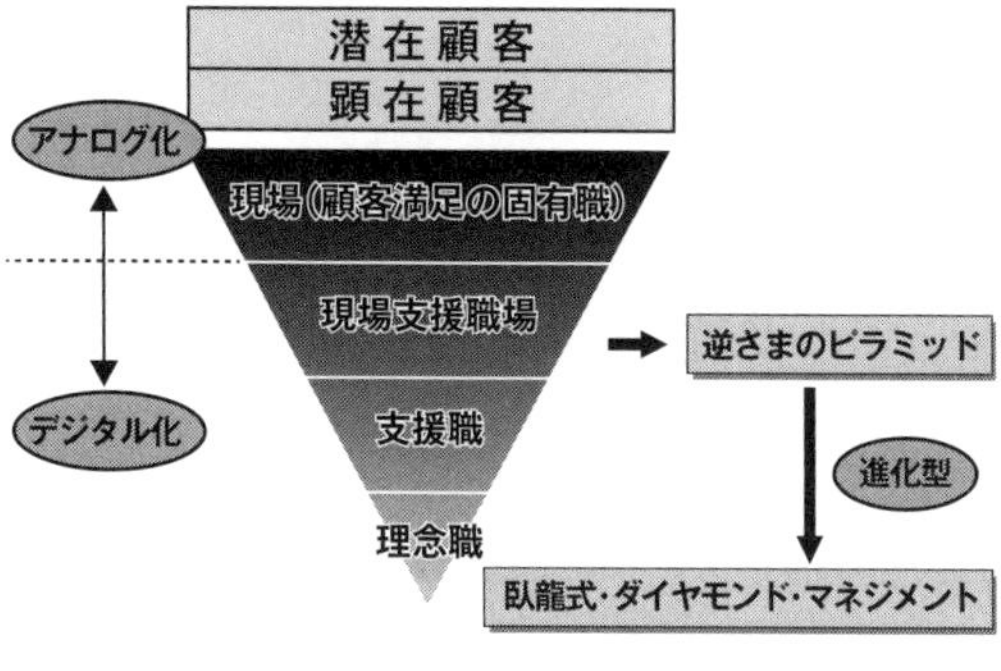

とはできません。投げる球は速くても遅くても、変化球でもストライクゾーンに入っていれば「ストライク」、外れていれば「ボール」です。働く上での審判は「理念」です。

理念のストライクゾーンに入っていればほめます。問題は外れたときです。仮にストライクゾーンから外れている場合でも、ピッチャーの動機が理念に沿ったものであれば、叱ってはいけません。叱られると、次の機会でも自ら一歩踏み出そうという気持ちが萎えてしまいます。「よく思い切ってやったな、素晴らしい。でもどこが結果的にズレたかわかる？」「次の機会にはどうする？」と聞いて、修正内容を引き出しておけばいいのです。

理念のストライクゾーンに向けて

現場ピッチャーの判断で全力投球！

47 忘却曲線を超えるOJT
～「忘却曲線残り率」を高める指導ポイント

人は忘れやすい動物です。でもこれは神の愛だと言われています。人は、苦しかったこと、悲しかったことを全部覚えていると、コップが黒い水で溢れるように気がおかしくなってしまうそうです。しかし、神の愛が深すぎて、必要なことも忘れてしまいます。

どれくらいの時間で忘れるかを表したのが「忘却曲線」です。なんと1日経ったら74％忘れるわけですが、逆に1か月経っても記憶に残っていればほぼ一生残ることになります。企業が教育にいくら投資したとか、いくら時間を掛けたということではなく、「忘却曲線残り率」が高いか低いかのほうが問題です。

忘却曲線

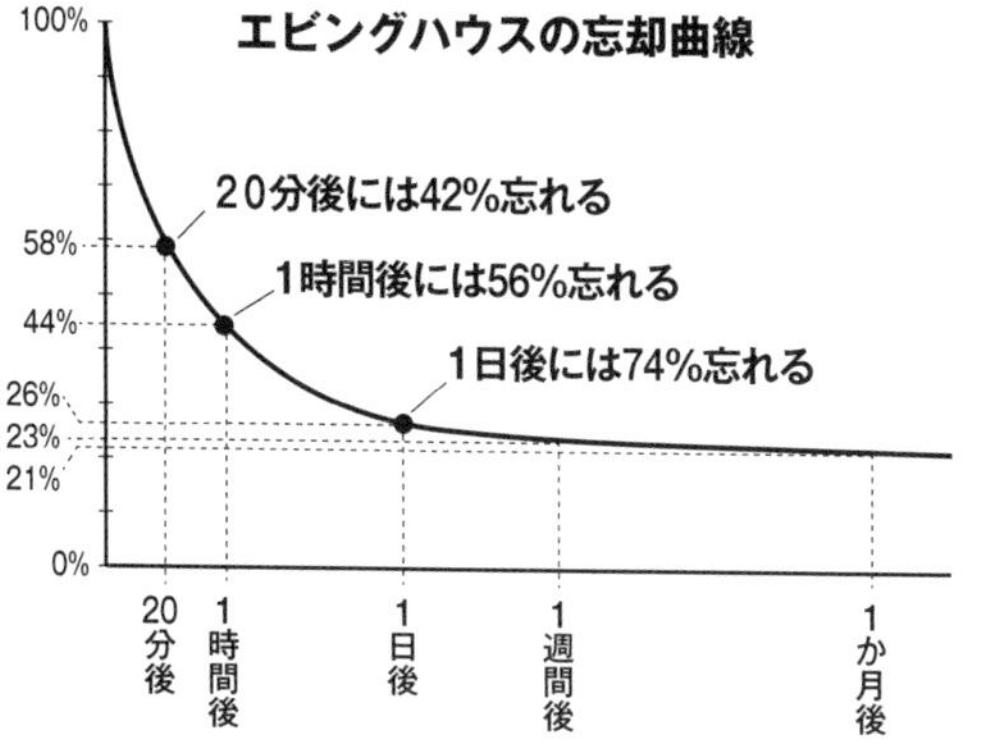

リーダー研修の題材として、部下の「忘却曲線残り率」を高める指導ポイントを討議していただくことは重要です。自分たちで答えを掴んでいただきます。「答えを教えたら、24時間以内に忘れる。自分で探して掴んだ答えは、生涯忘れない」を肝に銘じましょう。

次は、答え合わせの意味で掲載しておきます。

1. 目的を教える

依頼・指示するときは、これは何のために行うのかをしっかり伝えましょう。併せて、「目的と最適手段を言ってみて」と復唱を求めましょう。部下の「はい。わかりました」を信用してはいけません。本人が自分の口で語ったものが「理解」です。

2. アウトプットをつける

社外研修に出すときには、「今回の研修は、我が社のビジョンの一つである『絆マーケティングのモデル企業になる』を一歩前進させるものだから、研修の翌週に20分取るので、研修内容を社内への提言としてまとめて発表してほしい」というように、アウトプットをセットにしてインプットしていただくことです。これは社内の集合研修でも同様です。

3. 実行する

学びの成果とは習慣化です。これに力を発揮するものは「一学一践シート」（134ページ）です。1回の学びで必ず一つの習慣を生み出すことです。

4. タイムリーにほめる、叱る

子どもは、できたことで達成感を得るようですが、実はほめられたときに、真の達成感を覚えます。従業員も同様です。そして、本人が〝しまった〟と思っているときに、ちゃんと叱ることです。間が空くと、反省心が薄れてきます。そして叱るのは3分間以内。長くなると反省心を〝しつこいなあ〟という気持ちが上回ってしまいます。

5. 人に教えさせる

そして最も忘れない方法は、人に教えさせることです。新入社員研修は、2年目社員にさせるべきです。すると社会人の基本を再確認します。また自社の理念も再確認します。

48 未来完了形でＯＪＴ
～要求ではなく、既に成っている未来を見つめる

臥龍は、毎月の請求書に、社長さま向けの「感謝ハガキ」を同封しています。

例えば、不動産管理会社Ｎ社のＮ社長には、「平素は格別のご高配を賜り、ありがとうございます。地域の方々に『なくてはならない』と言っていただける大家族が前進する先には、笑顔の輪が大きく広がっていますね！」と書きました。また、電気工事会社Ｓ社のＳ社長には、「平素は格別のご高配を賜り、ありがとうございます。社長ではなく理念を見て働くＳ社、家業から企業に進化したＳ社の誕生が近いですね」と書きました。

これが「未来完了形」です。これを、「地域の方々に『なくてはならない』と言っていただける大家族になるように、頑張ってください」とか、「今のままでは家業止まりです。社長ではなく理念を見て働く会社になるように、努力しましょう」と書くとどうでしょうか？

「自社はできていない」という現実にフォーカスしませんか？

人に対するＯＪＴも「未来完了形」で進めていきましょう。

49 「未来からの使者」として尊重する

上司は、どうしても部下のできないことに目が向きがちです。もちろん、叱ることも必要ですが、「未来完了形」にフォーカスすると、前進する可能性が高まります。

このことを臥龍は、小中学校で行う「志授業」で痛感しました。子どもたちを前にしても、子どもとは見ないで、「未来からの使者」と見ます。子どもたちの中には、将来、未来社会を建設する「未来からの使者」がいます。その使者と対話して、日本の未来社会の一隅照を託します。すると子どもたちは、「未来完了形」で、自分の志やお役立ちを語り始めます。今起きている現実だけを見て目線を落とすのではなく、「未来完了形」へと目線を上げることが、コーチやバディの役割です。

愛知の鉄工メーカー・森鉄工所から臥龍のリーダー研修に参加した酒井順次さんが、自社の近未来にフォーカスして、それを引き寄せる決意を発表しましたが、感動でした。そして4か月後、それは現実となります。

「志授業」の解説

酒井順次さんの
決意表明

50 伝わるOJTの3ステップ

言葉とは、心で飲む水のようなものです。相手からの言葉のひと味目が不快な情報だと、心のコップが下を向き、素直に受け入れにくいものです。

例外は、アドバイスをくれる相手を、受け手が心から尊敬しているケースですが、これは難易度が高いです。

通常の場合は、部下を成長させるリーダーとしての「伝わるＯＪＴの３ステップ」が必要です。

1．まず、「できていること」を具体的に伝えます。
2．次に、「できてほしいこと」を具体的に一つ伝えます。
3．最後に、「君ならできるよ！」と明るく励まし、締めくくります。

51 ほめる情報のストックが要る

子どもに不備があると、親はすぐに「要求」から入ろうとします。これでは、心のコップは下を向きます。今までよりも「できるようになったこと、頑張っていること」を伝えることで、心のコップが上向きになり、要求やアドバイスを聞く準備ができます。そのためには、その人をほめる情報のストックが要ります。

このことは、あまり現場にいない社長でも可能です。臥龍の顧問先では、頑張っている仲間をLINEなどを使って「陰ほめ投稿」する仕組みがあります。これを見ると、ほめる情報がピックアップできます。

臥龍が、ある会社に再建社長として入っていたときには、毎月の誕生祝いに添えるメッセージに入れる情報収集を、「パートのAさんが、この1年間で頑張っていたこと、成長したこと、何でもいいので3点ください」というように依頼しました。

外食産業の雄・物語コーポレーションには、「パラバースデーメール」という企業文化があります。これは誕生日を迎えた本人が真っ先に「この1年間の振り返りや、これからの抱負」を全社に一斉メールで発信します。それに対して、この1年、何に悩み、どう努力し、そして成長したかのエピソードを添えて、上司が反応します。すると、それらを読んだ同期や以前のお店で一緒だった仲間から、また具体的で温かいメールが一斉メールで発信されます。

この仕組みの導入で、離職率が下がったという副産物が生まれました。

人は、ありきたりの一人としてではなく、きちんと向き合ってくれた「個対個」としてのコミュニケーションがほしいのです。

52 残能全開～5の5の育成

臥龍は、以前、顧客満足度が高いことで有名な千葉夷隅《いすみ》ゴルフ場を訪ねたとき、当時の総支配人であった加藤重正氏の人間観に感動しました。

「この人は本来10の力を持っている。しかし、8の力でこなしている。ある人は5の力しかないが、常に5を出し切っている。私はどちらを取るかと言えば、5で5の人を取る。この人はいつか6になり、7になり、10になっていく。しかし、10で8の人は、手抜きにより成長しないだけでなく、この2の手抜きが、お客様に非常に不快感を与える」

この言葉から、臥龍は自分の信条「残能全開」を思い出しました。残っている能力ゼロ、出し惜しみしないで全部出す。これを続けていくと、少しずつ能力のキャパが広がっていきました。しかし、この「5の5の育成」ができるのも、人に対する温かい観察習慣があるからですね。

なお、仕事のキャパとはどういうことかを、臥龍は次の名言から学びました。

人の器量は仕事で知れる
その一、何をさせてもやり遂げるか
その二、二つ三つの仕事も同時にこなすか
その三、仕事について、どこまで先が見えるか
その四、どれだけ人を使いこなせるか
その五、仕事を広げて考えているか
そして美しくゆき届いた仕上げか

『器量をつくる』邑井操・著（ＰＨＰ総合研究所）より

53 「できてほしいこと」を具体的に一つ伝える

臥龍の指導原則は、宿題は一つ。「君は、これさえできたら未来が変わるよ」「この会社は、これさえできたら未来が変わるよ」です。あれもこれもと課題を出したくなりますが、北極星は一つだから迷いません。虫メガネで太陽の光を一点に焦点を当てるから、焼き切る熱が発生します。そのためには、物事の真因を把握する目を、一言集約訓練で養っておくことが必要です。

臥龍が見たところ、経営理念が多すぎる会社が多いです。北極星がたくさんあったのでは、従業員のベクトル（心の目線）が揃いません。ですから、現場で行う「実践理念」は一つにします。これさえやれば、お客様が喜び、従業員の働き甲斐が高まり、会社の収益が高まるものを定めます。

外食産業の物語コーポレーションの「スマイル＆セクシー」、介護のリハプライムの「敬護」、感動小売業の長坂養蜂場の「ぬくもりの創造」など、成長している企業の「実践理念」は一つです。

54 渡り鳥に学ぶ「自立連帯」

渡り鳥のV字編隊飛行は、前を飛ぶ仲間の羽ばたきで発生する上昇気流により、長距離の目的地への到達が可能となります。ただし、先頭を飛ぶ鳥には、大きな負担が掛かってきます。

集団で飛行する場合でも、協力理念が群れ全体に浸透し、後ろで滑空してばかりで先頭になろうとしない〝ただ乗り常習者〟は全く見られない。鳥たちは群れの中で頻繁に位置を変えている。これは驚くべきことだ。

オックスフォード大学の研究チームの研究論文より

この「自立連帯」の視点で読むと、次の有名な言葉の意味も変わってきます。

「One for all, All for one

「ワン・フォー・オール、オール・フォー・ワン」

一般的に広がってしまった「一人はみんなのために、みんなは一人のために」は、日本人受けを狙った意訳です。本当の意味は、原典の「三銃士」に見る通り、「一人はみんなのために、みんなは一つの勝利のために」です。チームが集う目的は、仲良くすることではありません。一つの勝利を掴むためです。このことをよく徹底させてください。

121ページで紹介した酒井順次さんの「自立連帯」のゴールは感動でした。

酒井順次さんの
感動ゴール

V字で飛ぶチームワーク：自立連帯

55 「三ちゃう法則」～表現力の殻を破ると潜在能力の殻が破られる！

「言っちゃう、書いちゃう、成っちゃう」を「三ちゃう法則」と言います。

あるお母さんから次のメールをいただきました。

「昨日は、素晴らしいお話をお聞きできましたこと、心から感謝申し上げます。

忘れておりましたが、私どもの長男は、今から12年前、小学6年を卒業した春休みに、神奈川県茅ヶ崎市での臥龍先生の『合宿型・志授業』へ、岡山から新幹線で一人旅立ち、神戸でTさまのお嬢さんと合流し参加させていただきました。あのときに、医者になる！　という志を立てましたが、まわりの先生には、医学部は無理！　と言われました。結果的には、高校の先生方もビックリ！　うちの長男から医学部への進路指導の概念を変えた！　と言われました！

途中、国立は無理かもと弱音を吐き、それでも医学部へ行きたい！　という息子に、親が無理をしてでも私立の医学部も受験させることに決めましたところ、また頑張り、結局、一浪の末、国立と私立に合格しました。

今、改めて思いますと、あの『合宿型・志授業』が、息子の周りがあきれるほどの志の強さを育ててくださったのだと気づきました！　あの2日間の奇跡です！

昨年から大阪で研修医として頑張っておりまして、今年の春で2年目を迎えます。神戸のTさんのお嬢さんも、親御さんの会社の倒産、家族離散など大変な状況の中、志が強くて慶応の大学院に進まれて、法務の世界で、世界的な活躍の場に出るために準備中と数年前にお聞きしました！

あのときの、『志授業』の卒業生の現在が知りたいですね！　志の大切さを改めて想い出しました。感謝」

臥龍は、「成りたい役柄」をまず言うこと、書くことの大切さを訴えます。

「医者」に成りたいのであれば、まずは「成りたい」と言わないと何も生まれません。臥龍は、大阪で研修医として頑張っている彼にインタビューに参りましたが、患者さんに向き合うときの心構え

「三ちゃう法則」

1. 言っちゃう！
～まず有言ありき、何度も～

2. 書いちゃう！
～手帳に書いちゃう～

3. 成っちゃう！
～計画は結果である～

を「もしも自分の家族だったらどうするか？　と常に考えています」と語る姿に感動しました。

今は、大阪で精神科医（けいクリニック・山下圭一院長）として開業していますが、「もしも自分の家族だったらどうするか？」が多くの方々を魅了しているようです。

大谷選手は、花巻東高校に入学した当初は、高校在学中に球速１５０キロを計測することを目標にしていました。それを「もっと上の数字を目指すべき」と１６０キロを超える１６３キロに変えさせたのが、花巻東の野球部監督・佐々木洋氏でした。佐々木監督の方針は、部員たちに「誰も成し遂げていないこと」を目標に設定させることでした。

高校時代は最速１６０キロを記録した大谷選手ですが、プロ４年目に１６３キロの記録を出します。この記録はもちろん大谷選手の努力とセンスがあったからですが、監督が、１６３キロを「三ちゃう」させていなければ、果たしてどうだったでしょうか？

山下圭一さん
インタビュー

ニワトリとタマゴ

自己肯定感が高くなると、
言える、書ける、動けるのか？

言っちゃう、書いちゃう、動いちゃう
から自己肯定感が高くなるのか？

56 「自己実現の3元素」

臥龍のリーダー研修の終講場面で、帰社後の半年間で社内を変える「マイプロジェクトX」のテーマ発表があります。このテーマ設定で抜けがちな部分が「やってほしいこと」です。

「自己実現の3元素」は、「やりたいこと」と「やってほしいこと」と「できたこと」で構成されています。

まだ社内で未着手ではあるが、会社の理念・ビジョンを実現するために、これはやるべきと思われるものが「やってほしいこと」です。この発表は社長の逆鱗に触れる場合もあり、勇気のいるものです。この「やってほしいこと」を掲げたスタッフを上司や社長が全力支援しないと、「出る杭がバカを見る」という最悪の社風になってしまいますので、要注意です。

自己実現の3元素

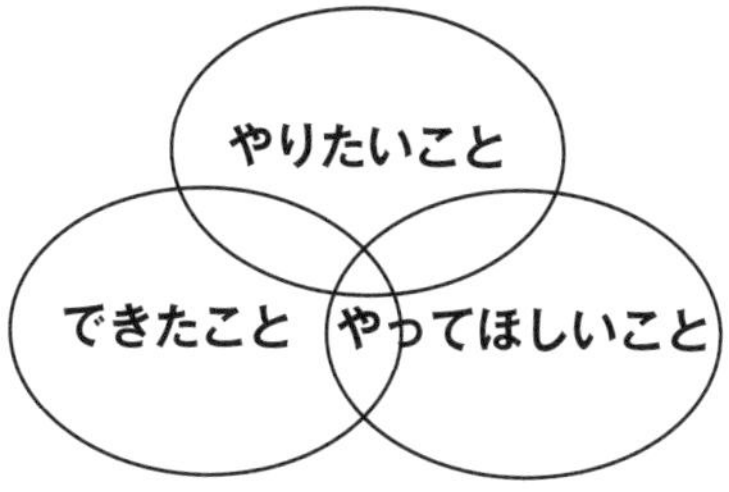

57
「役柄設定シート」と「一学一践」

各企業が中期ビジョンを発表する際に、各自の中期役柄設定をすると、会社の成長と各自の成長がリンクして、相乗効果を発揮します。

臥龍が経営再建に入った食品関係の会社・多摩フードサプライで、後継者人財として目をつけたのが菅野友則さんでした。彼の「役柄設定シート」には、半強制的に「いつ社長職を指名されてもやり切る覚悟と器量と実力を養成する」という1行を加えてもらいました。

そして、今の段階から「社長職」として振る舞い「権威」を身につけてほしいと依頼しました。「権威」は、言うこととやることの「一貫性」から生まれます。「社長らしい」振る舞い目標を毎月一つ定め、「一学一践シート」で見える化してほしい、そして全ての日数において言うこととやることの一致を見せてほしいという注文をつけました。

彼は、社長就任までの毎月全日を「一致」で貫きます。それが彼の自信になり、社内への一流のリーダーブランディングとなりました。そして、「執行役員に推薦するに価する15の資質：

確認表」で全て合格点を取るまでに成長していきました。

人は約束を守らない人は信用できません。同様に、自分との約束を守らない自分は信用できません。「自信」とは自分を信じる気持ちです。それは自分との約束を守る日々から生まれます。そして一流とは、妥協のない人のことです。社内に、「菅野さんは事において妥協しない人」という個人ブランドが定着します。

一流の人が旗を振ると事が成就するのは、社内に「あの人が旗を振るなら、やるしかないなあ」というムードがあるからです。

ヒト☆ピカ企業

多摩フードサプライ

東京多摩地区に位置する「食品リパック業」の会社です。縁あって「つばさホールディングス」の子会社になりますが、創業以来下請け業だったため、長年受け身の体質でした。臥龍が経営再建に入り、「挑戦」が信条の菅野友則さんを後継者に据えることで、今後、グループ内での成長株として期待される「業態開発」を実現中です。

多摩フードサプライ
HP

「執行役員に推薦するに価する15の資質」セルフチェック＆アドバイス

年　月　日　社名：　　　　　氏名：　　　　　アドバイザー：

01. 絶対原則「全ての因は我に在り・インサイドアウト」、常に自分に矢印を向けている。

合格点	及第点	やや不十分	かなり不十分

02. いつでも社長代行ができるようにマインドとスキルを磨き続けている。

合格点	及第点	やや不十分	かなり不十分

03. 理念を体現し、理念型風土創りに妥協がない。理念に照らしてOJT、違和感を見逃さない。

合格点	及第点	やや不十分	かなり不十分

04. １ミリも私利私欲がなく、コンプライアンス（法令遵守）ができている。

合格点	及第点	やや不十分	かなり不十分

05. 全体最適・未来最適の視座から判断ができている。

合格点	及第点	やや不十分	かなり不十分

06. スピーディな意思決定と実行と修正ができている。スピードが世界標準、業界NO.１。

合格点	及第点	やや不十分	かなり不十分

07. 人財育成の４つの手法を有効的に活用し、人財（特に自分の後継人財）を育てている。

合格点	及第点	やや不十分	かなり不十分

08. 計画＝結果。管理会計上の最重点指標を押さえ、それを仕組みで回し、達成している。

合格点	及第点	やや不十分	かなり不十分

09. 明るい思考と言葉にあふれている。人に対しては「長所伸展」で臨んでいる。

合格点	及第点	やや不十分	かなり不十分

10. 自身の健康管理（気力充実や生活習慣コントロール）も徹底している。

合格点	及第点	やや不十分	かなり不十分

11. 高い志・使命感と深い三観（人生観・人間観・事業観）を有している。

合格点	及第点	やや不十分	かなり不十分

12. 自己啓発や一学一践のお手本となり、人格の向上にも努めている。読書は月３冊以上。

合格点	及第点	やや不十分	かなり不十分

13. 社長の意向を先読みできるだけでなく、社長に対して直言もできている。

合格点	及第点	やや不十分	かなり不十分

14. 自社の持続的成長を創る事業開発、商品開発、仕組み開発などにも取り組んでいる。

合格点	及第点	やや不十分	かなり不十分

15. 従業員とその家族への愛あふれる、大家族主義を推進している。厳愛と慈愛の実践。

合格点	及第点	やや不十分	かなり不十分

●今、現在での合格点項目　本人：　項目／15項目中　アドバイザー：　項目／15項目中

●向こう半年間で合格点に持っていく項目と習慣化対策

A. 項目名：

習慣化対策：

B. 項目名：

習慣化対策：

●アドバイザーコメント：

役柄設定（菅野友則さんの場合）

自分物語を演じる自分の役柄　作成:　2021年　1月　18日

社名:多摩フードサプライ　部署名·役職:執行役員

氏名:菅野　友則　応援する上司:臥龍さん　協力バディ:手塚　静夫

ゴール:2023年3月末　2年後40歳

■キャッチフレーズ（役柄名）

羅針盤完遂　有言実行
解説
金メダルの達成へ、全てを自分事と捉え、言い訳ゼロ・出し惜しみゼロでやり切る。
達成の先にある従業員全員との達成感を味わうために。
いつ社長職を指名されてもやり切る覚悟と器量と実力を養成する。

■その特徴·周りからの評価や聞こえてくる声（箇条書き）

1. 言っていることと、やっていることがブレない人
2. いかなる困難も投げ出さずに成し遂げられる人
3. 「できない」を「できる」に変えられる人
4. 常に笑顔で明るく、前向きな人
5. やる気にさせてくれる人
6. 他責にしない人
7. 予習・復習・事前準備をしっかりやる人
8. 影響力がある、頼りになる人
9. 良い意味でおせっかいな人
10. ヒト☆ピカ経営プレジデントスクールを代表する人物
11. 毎日を楽しんでいる人

言い訳なき一学一践 （菅野友則さんの場合）

●マイ・ルーティンと一学一践

2021年　4月度　社名：(株)多摩フードサプライ　氏名：菅野友則

●私のマイ・ルーティン

社長が行うマイ・ルーティンを前倒しし、我が行動習慣とする(箇条書き)

1. 毎朝体調チェック体操
2. 毎朝食器洗い
3. 子どもとのハイタッチ
4. 目標達成イメージ想像(つばさレシピ音読)
5. つばさレシピ及び101のマジック常時携帯
6. イスを入れる
7. トイレの蓋を閉める
8. 出来事に対して自責への置き換え、常にできる方法を考える
9. 何のためにやるのかを常に考える
10. 事前準備15分(予習・復習・練習)
11. 1日1回以上、誰かを笑顔に
12. 読書

●一つ上のステージに上がるための自己啓発テーマ

視座を高める

計画＝結果に繋げる

★一学一践、3週間で行動の習慣化にチャレンジ!!　◎できた！　○チャレンジした！　△次こそは

テーマ
1. アウトプット(学びを活かす、やり切らせる)
2. 読書

留意事項

① アウトプット：面談、コミュニケーションを通して前回の学び実践。
毎日従業員一人以上と当日の振り返りと今後に向けて話し合う場を持つ。

② 読書：1週間に1冊、読み切りスピーチ、実践、振り返り。

実行期限：　3月　29日から　4月　18日まで

月	火	水	木	金	土	日
29	30	31	1	2	3	4
◎	◎	◎	◎	◎	◎	◎
5	6	7	8	9	10	11
◎	◎	◎	◎	◎	◎	◎
12	13	14	15	16	17	18
◎	◎	◎	◎	◎	◎	◎

★実践の振り返りと、さらなる習慣化への決意

毎日のアウトプット(コミュニケーション)実践、読書実践及び感想毎日報告、1週間に1冊読み切りの実践、読み切り後のスピーチ実践及び報告と、自ら決めたことに対しては全て実践しました。

アウトプットについては、前回の学びを活かしての面談やコミュニケーション機会を活用しました。

相手からの質問・問い掛けに対し、途中で遮断することなく聴き取りをし、そこから自分の考えを発信。

相手の表情などにも気を配り、話し終わった後は笑顔で終われることを意識しました。内容としても、まずまず良かったのではないかと感じています。

読書につきましても2冊実施。気づき・学びなど、一つひとつ毎日書かせていただきました。

引き続き、コミュニケーション・面談・読書とセットにして実践していきます。

★職場外バディ【スタート時の確認サイン：つばさロジ　澤田　浩】終了時のアドバイスは以下の通り

菅野さん、3週間お疲れ様でした。毎日送られてくる実践の内容に刺激を受けました。

菅野さんの積極的な行動が良い感じに従業員に浸透しているはずです。私のテーマも面談でした。面談は従業員とわかりあえる良いツールですよね。

時間を忘れて話してしまうこともありますが、時間を区切り継続して習慣化していきましょうね。

読書に関しては、気づきを与えてもらいました。すごくわかりやすく気づき・学びを記載してありました。参考にさせてもらいました。

58 本気プレゼンが「仮面」を取る

日本は島国であり、かつ長く農耕社会、村社会をつないできました。「空気を読む」という言葉がありますが、上下左右を見て無難な答えにポジションを取るということです。しかし、これで進歩が生まれることはありません。空気を読むことを繰り返していく内に、周りに合わせる「仮面」がへばりついてきます。本当の自分が見えなくなるのです。本当の自分を発露、表現するからその人の力が発揮されるのですが、「仮面」ではそもそも力がセーブされています。恐ろしいことに、多くの方々が、自分が「仮面」を被っているという自覚がないことです。

自分が「仮面」を被っていることに気づき、その「仮面」を取る一番良い方法は「本気プレゼンテーションの場面創り」です。「表現力の殻を破ると潜在能力の殻が破られる」のです。

その場合、日本人の特性に配慮することです。

次は有名なジョークです。

沈みかけた豪華客船、救命ボートの数が足りません。
船に残ってくださる男性を募集します。
ドイツ人には、残る規則になっていますと呼び掛けます。
イギリス人には、この中に紳士はいらっしゃいますかと呼び掛けます。
アメリカ人には、この船にはたくさん保険がかかっていますと呼び掛けます。
日本人には、皆さん残っていますよと呼び掛けます。

空気を読んでいるうちに「仮面」が張りつく

59 山道佳奈さんが仮面を脱いだとき

一人で目立つ、浮くことを怖がるのが日本人ですが、皆と一緒だと「心理的安全性」があるのか、ビックリするほどに変われます。

本当に成りたい自分を表現するプレゼンテーションを、仲間と一緒に行うことで、潜在能力の殻を破った女性の事例をご紹介します。

当時山道佳奈さんは、長坂養蜂場に入社して1年目。「もっとこうしたほうがいいのに」と思っても、自分が言うことで、誰かの気分を害したら嫌だなという想いがありました。彼女は、臥龍のリーダー研修に参加し、「仮面」を被った自分に気づき、思い切ってそれを取ります。そして会社のNO.2を演じ始める宣言を行い、年間のMVP表彰を3年連続で獲り、会社を大きく変えていきます。

「私が変われば、会社が変わる」ことを知ったのです。

山道佳奈さんが
仮面を脱いだとき

6か月目

未来を変える！

企業は人なり、国も人なり。今の日本は、過去の先人が創りましたが、未来は今、私たちが創っています。人財育成とは、未来を変えることに直結します。人事を人事課に任す時代は終わりました。積極的に、人事課と協業共創をしていきましょう。

60 採用したい人財像を明確にする！

採用された人財を受け入れて、育てる。これはリーダーの仕事ですが、「採用の誤りは、育成では補い難し」という言葉があります。ただ待つのではなく、採用段階から積極的に関わるほうが、後日の「育て甲斐」は高くなります。

採用したい「人財像」を全社で明確にしておくように、働き掛けてください。基本は、経営理念への共感性、理解力がある、素直で明るい、そして「自燃性」です。

人には、４つのタイプがあります。

「自燃人」……自ら燃えて周りの人に火をつけていくタイプ
「可燃人」……周りに燃えている人がいると自分も火がついて燃えるタイプ
「不燃人」……周りに燃えている人がいてもなかなか燃えない冷めたタイプ
「消燃人」……周りの燃えている人に冷や水を浴びせてその火を消そうとするタイプ

61

理念型採用のプレゼンテーション

採用したい人財像に向けての10分間のプレゼンテーションを、各職場で作成して、全社でプレゼン大会をしてみることです。

実は、学生にもわかるように理念や事業を語ることで、その本質や魅力を理解するのです。

つばさホールディングスでは、新卒採用を入社1年目が担当しています。そのことを知った学生が、「1年目で、ここまで任せてもらえる会社は魅力的だ！」と入社してきました。こういうタイプは、「自燃人」です。

1年目社員による「理念型採用」のプレゼンテーションを聞いてみてください。

理念のプレゼン

62 ES（自燃人の働き甲斐度）向上アンケートの活用

最近は、ES（Employee Satisfaction：従業員満足度）アンケートを採用する企業も増えていますが、ペルソナ（モデル像）を明確にしていないケースが多いですね。

臥龍の顧問先では、定着成長してほしい人財像を「自燃人」に置いていますから、アンケート内容も、「自燃人」タイプが働き甲斐を感じる項目で構成されています。つまり、アンケート点数が上がることと、「自燃人」の成長と定着が比例するのです。

これを全社で実施しながら、自部署が全社の中で低い項目の向上を図るのもリーダーの仕事です。

ES(従業員満足度)アンケート

我が社での「ES（自燃人の働き甲斐度）向上アンケート」

率直にご記入ください。最後に記入漏れがないか、必ず見直してください。

作成:　　年　月　日　社名:　　　　　　　　　　氏名:

※評価レベル　5:十二分に満足、4:満足、3:やや満足、2:不満、として○印でご記入ください。

ES(自燃人の働き甲斐度)向上アンケート					
1	我が社の理念や使命感はわかりやすく、共感できるものか	5	4	3	2
2	理念や使命感を現場で実践する上での権限委譲は十分か	5	4	3	2
3	我が社の将来ビジョンは明確で、その実現に参画したいと思えるものか	5	4	3	2
4	我が社の理念やビジョンを前にして、自分自身の仕事が重要と感じられるか	5	4	3	2
5	仕事上で、自分が果たすべき役割や目標は明確になっているか	5	4	3	2
6	挨拶やコミュニケーションが明るく、気持ちの良い職場か	5	4	3	2
7	整理・整頓ができていて、ものを探すようなロス時間はないか	5	4	3	2
8	自分の仕事を適切に遂行するために必要な環境や道具類が揃っているか	5	4	3	2
9	仕事仲間は、自分優先ではなく、チームの成果優先で協力的か	5	4	3	2
10	自分が前向きに挑戦しようとしたときに、周りがよくサポートしてくれたか	5	4	3	2
11	上司や同僚は、自分を一人前の人間として認め、接してくれているか	5	4	3	2
12	仕事上で自分の意見や提案が尊重されているか	5	4	3	2
13	最近1週間で、仕事の成果や自分の成長をほめられたり、認められたりしたか	5	4	3	2
14	社内に自分が成長のモデルとしたい上司や先輩がいるか	5	4	3	2
15	この半年間で、自分の成長・進歩の計画・実績・改善を上司と話し合ったことがあるか	5	4	3	2
16	自分の成長を後押ししてくれるコーチやメンター役の人は社内にいるか	5	4	3	2
17	従来の実績を上回るような、最高の仕事ができる機会に恵まれているか	5	4	3	2
18	仕事上で学習し、自分を成長させる機会が与えられているか	5	4	3	2
19	我が社の社会的貢献度が、実感できているか	5	4	3	2
20	ここ数年、自分自身の成長は実感できているか	5	4	3	2
	合　計				点

●以下の記入アンケートにもお答えください。

1. あなたが我が社において「高い働き甲斐」を感じるとき、感じる場面は、何ですか？

2. もっと働き甲斐の高い会社になるために、会社や上司にお願いしたいことがあれば、書いてください。
①
②
③

3. あなたの周囲の方々の働き甲斐を高めるために、あなた自身が取り組めることを書いてみてください。
①
②
③

63 「18か月バディ制度」

臥龍の顧問先では「18か月バディ制度」を採用しています。新卒の場合、内定式からの18か月間、バディがつきます。仕事面だけでなく、理念の体得実践や人間性の向上まで、全人的な視野で指導していきます。もちろん、悩みの相談にも対応します。

「困ったことがあったら何でも言ってよ」と伝えても、最近の若者はビビります。「この人に言って」と明確に示してあげることで、垣根がグンと低くなります。キャリア（中途）採用の場合でも1年間バディをつけます。

バディには事前にバディ研修を実施しますが、「人を指導することで、自分が一番成長できる」ということを最初に伝えています。

バディ研修のポイントをいくつか示してみます。

厳愛と慈愛の
バディ物語

1．あなた自身が「人生経営の社長」、あなたが変われば世界は変わるという自責姿勢が基本。

2. 判断基準は常に「理念」であることを教える。
3. 何のために行うのか「目的」を考えさせる。
4. 成果の前に行為、行為の前に動機に寄り添う。
5. 仕事とは、事前期待を1ミリでも超えることを教える。
6. 違和感には「厳愛」で臨むが、できるまでつき合う「慈愛」で自信をつけさせる。

臥龍が、多摩フードサプライの経営再建に当たり、菅野友則さんを後継者に指名したのも、彼が10歳にして「人生経営の社長」に就任し、常に「全ての因は我に在り～インサイドアウトの姿勢」が徹底していることを確信したからです。

菅野友則さんの
人生経営の社長就任

64

「型があるから型破り、型が無ければ形無し」

規矩（きく）作法
　守り尽くして破るとも
　　離るるとても本を忘るな

『利休道歌』千利休より

型があるから型破り、型が無ければ形無し

十八代目中村勘三郎の「座右の銘」より

臥龍は、基本を卒業して応用に入っても常に基本を忘れるなという「本（もと）を忘るな」という言葉と、「型があるから型破り、型が無ければ形無し」という言葉に、なるほどと思いました。

問題は、何を「型決めモデル」として選択するかです。

これは戦略です。戦略のミスは、戦術では補えないのです。

人は１００点モデルを追っかけると半分行っても50点ですが、10点モデルを追うと満点を取っても10点です。


子どもたちには100点モデルを与えよう！

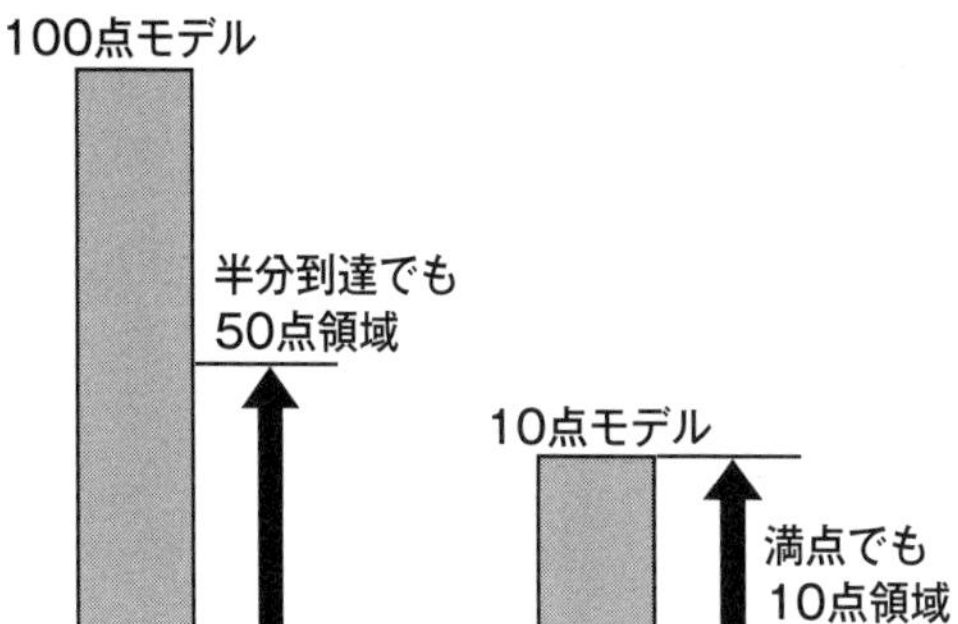

65 偉人が最高のテキスト

臥龍は日本の教育の欠点に歴史教育があると見ています。歴史を人名や年号などの暗記ものにするから、子どもたちは歴史嫌いになります。歴史とは人が織り成す物語であり、社会や時代を前進させた偉人がいます。その偉人に触れた子どもたちは、１００点モデルを追うようになります。

臥龍が岐阜で小学生に「志授業」をした折に、どの部分が印象に残ったかのアンケートを取ると1位は杉原《すぎはら》千畝《ちうね》さんでした。その後、どこの県で「志授業」をしても、子どもたちは「地元の偉人」の事例を一番良かったと評価します。杉原千畝さんの事例に感動した子どもたちの目線は上がり、その志の発表には心を打たれました。

松枝小学校６年生の志発表

志授業・印象度アンケート

松枝小学校６年生・回答者 120 名（複数回答）

1．	東洋のシンドラー・杉原千畝	72%
2．	クリキンディのことば	63%
3．	ノルウェーのことわざ	38%
4．	イチローの卒業文集	38%
5．	臥龍の台湾の友人の信条	33%

66 「100点モデル」を持たせよう！

新入社員には、1年以内に、「偉人メンター、マイバイブル、モデル企業もしくはモデルマイスター」の「100点モデルの3点セット」を立ててもらいます。

偉人は社会や時代を前進させた人物、マイバイブルは仕事を行う上での古典・名著の中からの1冊、自分の仕事を遂行する上でモデルとして学びたい企業や仕事の達人であるマイスターの選定です。この選定作業自体が、視野を広げる機会になります。そして、この「100点モデル」は、自分の成長と共に変わっていっていいのです。

臥龍自身も変わっていきました。偉人モデルは、坂本龍馬、松下幸之助氏、後藤新平氏へと進み、マイバイブル候補は何

伸びる社会人は100%モデルを持つ！（臥龍事例）

1. **座右の書**
   『経営の行動指針』土光敏夫氏
2. **座右の銘**
   「どうせやるなら、とことんやろうよ！」
   新幹線車内販売の達人　斎藤泉さん
3. **歴史上の偉人**
   「後藤新平氏～生き様に学ぶ」
4. **ベンチマーキング**
   「レストラン：カシータ～第二の我が家」

★100点モデルを自分のABCにしよう！★

冊もありましたが、土光敏夫氏の『経営の行動指針』に行き着きました。学びの選択肢が多い時代だからこそ、自分はこれだけでいいと想える「100点モデル」を持つことは重要です。

偉人を体内に取り込むと、「偉人メンター」となり、良き相談相手となります。そのためには、自分が共感した偉人で60分以上、講話ができることです。60分以上の講話をするためには、その何十倍もの学習が必要となります。

臥龍は25歳のとき、まず坂本龍馬で60分講話ができるようにしました。すると、35歳までの10年間、どう自分の応援団を集めればいいのか、自営業として成功するためのポイントはどこにあるのかが、よくわかりました。35歳以降は、松下幸之助研究会を主宰して、四半期毎に研究会を開催しました。学びという点では、主宰の臥龍が一番得をしていたと思います。

また後藤新平氏という存在を台湾で知ったあとは、岩手の生家に行き、名古屋の医学校長時代の跡を訪ね、当然、台湾各地を回り、満鉄総裁として演説された大連のホテルを訪ね、関東大震災の復興事業の跡を訪ね、要は「人物を丸かじり」しました。リンゴは、実以外の皮、へた、種なども含めてリンゴです。

流行りものの人物を100人追っかけるよりも、本物の偉人を一人、丸かじりしたほうが、どっしりとした学びになります。

67 新しい仲間を受け入れるセレモニーは「自己開示」～心理的安全性を高める

Google の生産性向上プロジェクト「アリストテレス」が掴んだ生産性向上の秘訣が話題になりました。少し長いですが、ネットニュースから引用、紹介させていただきます。

社員の生産性を極限まで高めるには、どうすればいいのか――米グーグルが２０１２年に開始した労働改革プロジェクトの全貌が明らかになった。

（中略）「こんなことを言ったらチームメイトから馬鹿にされないだろうか」、あるいは「リーダーから叱られないだろうか」といった不安を、チームのメンバーから払拭する。心理学の専門用語では「心理的安全性（psychological safety）」と呼ばれる安らかな雰囲気をチーム内に育めるかどうかが、成功の鍵なのだという。

（中略）そこで、２０１４年後半に当時の社員5万1０００人の中から、チーム・リーダー格の有志を募って、彼らに対し、自らのチーム内に「心理的安全性」を育むための具体策を考えるよう促した。そうしたチーム・リーダーの一人に、ある日系アメリカ人の男性がいた。彼を中心に結成されたチームはそれまでなかなか生産性が上がらず、彼もその事に悩んでいた。（中略）アンケート調査でも、「社内におけるチームの役割や目的」、あるいは「自分たちの仕事が会社に与えるインパクト」など、彼のチームメイトたちが下した自己評価はいずれも極めて低かった。

これに衝撃を受けたリーダーはチームの全員を集めて、インフォーマルなミーティングを開いた。そこで彼は「これから君たちの知らないことを打ち明けよう」と断った上で、自身がスピードは遅いが転移性の癌に冒されていることを告白した。しばらく沈黙が続いた後、チームメイトの一人が立ちあがって自分の健康状態を打ち明けた。そこから堰を切ったように、チームのメンバー一人ひとりが自らのプライベートな事柄を語り始め、それが終わるころには、自然に今回のアンケート結果についての議論（つまりチーム内のモラルを高めて、生産性を高めるための議論）へと移行していたという。

（中略）プロジェクト・アリストテレスの結果から浮かび上がってきた問題は、個々の人間が仕事とプライベートの顔を使い分けることの是非であった。もちろん公私混同はよくないが、ここで言っているのは、同じ一人の人間が会社では「本来の自分」を押し殺して、「仕事用の別の人格」を作り出すことの是非である。多くの人にとって、仕事は人生の時間の大半を占める。そこで仮面を被って生きねばならないとすれば、それはあまり幸せな人生とは言えないだろう。社員一人ひとりが会社で本来の自分を曝け出すことができること、そして、それを受け入れるための「心理的安全性」、つまり他者への心遣いや共感、理解力を醸成することが、間接的にではあるが、チームの生産性を高めることにつながる。これがプロジェクト・アリストテレスから導き出された結論であった。

ライブドアニュース：2016年3月10日掲載記事引用、および『ＡＩの衝撃　人工知能は人類の敵か』小林雅一（講談社現代新書）参照

この中の「多くの人にとって、仕事は人生の時間の大半を占める。そこで仮面を被って生きねばならないとすれば、それはあまり幸せな人生とは言えないだろう」に、臥龍は注目します。臥龍の研修でも、この「仮面を脱ぎたくなる環境創り」に注力しています。そこから成澤知恭さん（42ページ参照）や山道佳奈さん（141ページ参照）や鈴木奈々さん（27ページ参照）のような脱皮事例が生まれてきています。

68

「自己開示シート」と「自分物語スピーチ」

臥龍は、アメリカ、そしてITメガベンチャーでは、ビジネスのONの場とプライベートのOFFの場は切り分け、「プライバシーには踏み込まないでよ」とガードが高いと思っていました。Googleの「アリストテレス」の事例を読み、自分の固定観念に愕然としたものですが、逆に自分が昔から顧問先で行った「自己開示シート・自分物語スピーチ」の正しさを実感しました。

まず、自己紹介という表面的なものではなく、もっと深い「自己開示シート」を作成していただきます。この「自己開示シート」を作成するプロセスで、改めて自己発見をしていきます。

次に「自分物語スピーチ」です。自分の人生の中の「一つの事実」を通して、誰もがうなずく10分間の気づきの物語としてスピーチします。練習のときは、目の前に就活中の学生が20名いて、スピーチを聞いた学生が「勇気が出ました。いい気づきをもらいました」という感想を語ってくれるイメージです。

臥龍の場合で5つくらいの鉄板ネタがありますが、その中の「神様からのギフト」をご紹介します。10分間のシナリオです。

【皆さん、本日は、つばさホールディングスの会社説明会にお越しいただき、ありがとうございます。我が社に応募していただくことを願っていますが、今日は、聞いておくことで、社会人になったときに助かる知恵を贈りたいと思います。タイトルは「神様からのギフト」です。

私は27歳で結婚しましたが、それから半年後のことです。当時、大手コンサルタント会社に勤務していましたが、ある日、深夜の帰宅になり、タクシーを拾おうとしました。私はちゃんと青信号で渡り始めましたが、信号三つほど向こうの交差点でちょっとした事故が起こりました。20歳の男性の運転する車がタクシーに追突します。その男性はお酒を飲んでいたせいもあって、逃走し始めました。そして、なんと脇道に逃げ込もうと突進してきたその車に私ははねられました。助手席の彼女は悲鳴を上げたそうです。人間の身体って、簡単に飛びますね。

そのときに二つの不思議を体験しました。一つは、場面がスローモーションになったこと。二つは、小さい頃からの思い出シーンがパラパラ出てきたこと。〝あっ、これは走馬灯だな。死ぬんだ〟と思いました。病院で、2時間くらいで意識が戻ったと思いましたが、3日間経っていました。頭を包帯でぐるぐる巻きにされ、頭の右側がドクドク脈打っていました。聞くと、右耳の上5分の3がなくなっていました。それを聞いた瞬間、〝ラッキー！〟と思いました。もう少し中までやられていたら、最悪、新婚半年後の妻に残されたのは、植物状態の旦那だったかもしれません。それと比べたらラッキーです。

その後、ろっ骨を削って耳に、安定したら足の皮膚を耳にと、都合3か月半の病院暮らし。落ち着いてきて思ったことは、人生とは自分を主人公にしたドキュメンタリー映画だということです。自分の家庭、職場、それらは撮影所。朝、どこかで「アクション！」の声が掛かり、夜、「カット！」の声が掛かります。そして人生最後にラッシュ（粗編集）を観ます。長さは予告編くらい。予告編は短くても、どういう映画かがわかるものです。そして自分のラッシュにも「ENDマーク」が出ます。そのとき、どういう感想をつぶやきたいか？　これが究極の意思決定です。

臥龍は「まったく同じ人生をもう一度送っても悔いがない」と言いたいと決めました。すると、今日一日がそういう一日でないと駄目だ。人生とは「一日一生」の積み重ねだと知ります。

そして、主人公の自分に肝心な「役柄」がついていないことに気がつきます。しかし、せっかく命拾いしたのにちゃんと食えるくらいではバランスが悪いなあ。成れる成れないという制限を取っ払って「成りたいもの」をイメージしたときに、「臥龍」が降ってきました。

アジア有数の軍師・諸葛亮孔明の若い時の別称「臥龍」です。

退院準備が近づいてきたある日、病室をノックして若い女性が入ってこられます。入り口でもじもじされているので、「どなたですか？」と声を掛けると、私をはねた男性のお姉様でした。酒気帯び、当て逃げ、わき見運転、信号無視で私をはねてしまったので、交通刑務所に入るかもしれないとのことでした。弁護士から被害者から嘆願書が出たら情状酌量の余地があるかもしれないと聞いたので、「恥を忍んでお願いに参りました」とのこと。

聞いた瞬間、心の中に浮かんだ言葉が「感謝」でした。これには、自分がビックリしました。暴走車にひき逃げされ、その結果、家族に心配を掛け、右耳の聴力が落ち、仕事に穴を空け、そして男性は保険に入ってなかったので、お金も出ないという状況です。

「ふざけるな。よく来られたな。帰れ」と言ってもいいのに、「感謝」とはどういうこと？

わかったことは、彼がはねてくれたお陰で、人生二度なし、一日一生の人生観を得、そして臥龍という役柄を得ることができた。だから「感謝」という気持ちが湧いたのです。嘆願書を書いて、お姉様に渡しました。

彼女が部屋を出て、バタンとドアが閉まった瞬間、生涯を左右する次のような大きな気づきを得ました。

「未来は何が起こるかわからないが、起こった出来事の意味は自分で決められる。過去の出来事は変わらないが、その出来事の意味は自分で決められる。つまり人生は、自分の思った通りになる」

人間、万物の霊長と言いながら、明日、自分の身に何が起こるかわかりません。私も、その日の朝、自分が事故に遭うとは思っていませんでした。しかし、起こった出来事の意味は自分で決められました。その瞬間、過去の景色も音を立てて、変わり始めました。

15歳までに3回危篤状態になり、なんでもっと丈夫な身体に産んでくれなかったと思いました。その病弱谷をえぐった土は、隣に母の愛山となっていました。「この子だけは」と、医者にすがった母の愛がありました。病弱なことによって、健康な子よりも母の愛を知るチャンスがありました。

なんで我が家はこんなに貧乏なんだと思いました。家にいても食べられないくらいに貧乏でした。この貧乏谷をえぐった土は、隣に自立山を築いていました。中学、高校と新聞配達をしました。中学以降、親から小遣いはもらっていません。20代、親の援助は1円もなく、結婚し、家を建て、開業したのは、親には頼れなかったからでした。

谷と山、ならせば一緒。谷が深いほど、見上げれば山は高い。他人よりも感動できるチャンスが大きいものです。逆に、親の七光りなどの他力で山ができている人間は、落下の危険性は大きいのです。過去の出来事は変えられないが、意味は変えられます。

ここでつながりました。

「未来は何が起こるかわからないが、起こった出来事の意味は自分で決められる。過去の出来事は変わらないが、その出来事の意味は自分で決められる。つまり人生は、自分の思った通りになる」

この日から、臥龍の人生は思った通りになる人生になりました。交通事故という一見「悪魔からのギフト」の中には、実は「神様からのギフト」が隠されていたのです。皆さまも社会人になると、いつも順風満帆に行くとは限りません。理不尽な「悪魔からのギフト」が来るときもあるでしょう。でも、大失敗、失恋、大病、事故、左遷、裏切られたというような「悪魔からのギフト」の中には、人生を好転させる「神様からのギフト」が隠されています。それを掴む自分で生きていくと決めると、意外に未来は怖くないものです。

短い時間でしたが、臥龍の今日のお話が、皆さまの人生の糧になれば幸いです。では、就職活動、頑張ってください。】

自己肯定感の高さに比例する」（記入例）

団体名：臥龍海援隊　　　**氏名**：臥龍（角田識之）（66 歳）

96	98	2000	02	04	06	08	10	12	14	16	18	20	22	24	26	28	30	32	34	…
8	10	12	14	16	18	20	22	24	26	28	30	R2	R4	6	8	10	12	14	16	…
40	42	44	46	48	50	52	54	56	58	60	62	64	66	68	70	72	74	76	78	…

よる第二創業の「作品」	「世界一幸福な国創りプロジェクト」の完成
業)→事業化（つばさ人本経営＆五つの一般社団法人＆WVJ 支援）	
東京	
日本一、世界一企業や 育成支援	2100 年を超えて伝承される 社会志産を六つ遺す

=「全面自己肯定感」に到達=「想えば叶う人生」のスタート

ナー向け
サルフィー
円達成

社会志産候補
1：一般社団法人立志教育
2：一般社団法人感動コンサル
3：一般社団法人カンコン
4：一般社団法人幸せ家訓
5：一般社団法人真婚式
6：一般社団法人高度幸福化
7：ワールドビジョンの一隅照となる
　　臥龍プロジェクト
8：日台による人本主義経営の思想と
　　手法の開発と発信
9：古典となる書籍

「企業進化講座」89 期開催
全期ＣＳ評価 90 点以上
上場 4 社、世界一 7 社誕生

スタート

2003 年メルマガ発行
2004 年 12 月 3 日
「神戸 123」→「本気塾」
2008 年立志教育事業再開
2008 年カンコンスタート
2022 年「船団経営」スタート

「家訓」制定

台交流開始　･01年感動マーケティング開業
･95年APRA設立　･13年作家＆講演生活元年

･95年阪神淡路大震災　･11年東日本大震災
終結　･22年ウクライナ侵攻

自己開示シート１：人生のロードマップ：「自己実現の高さは、

作成日：2005年9月5日　改訂日：2022年9月19日

西暦	1956	58	60	62	64	66	68	70	72	74	76	78	80	82	84	86	88	90	92	94
年号	S31	33	35	37	39	41	43	45	47	49	51	53	55	57	59	61	63	H2	4	6
年齢	0	2	4	6	8	10	12	14	16	18	20	22	24	26	28	30	32	34	36	38

志 使命感	志や使命感は特になし／心の豊かさ復興／感動経営に
環境 公	小学校／中学・高校／石油メーカー／コンサル会社／開業→法人　（家
環境 私	田舎暮らし／松山暮らし／大阪／広島［83年結婚］
夢・目標	映画1000本／営業日本一／日本のトップ10コンサル／第二創業による上場企業の誕生

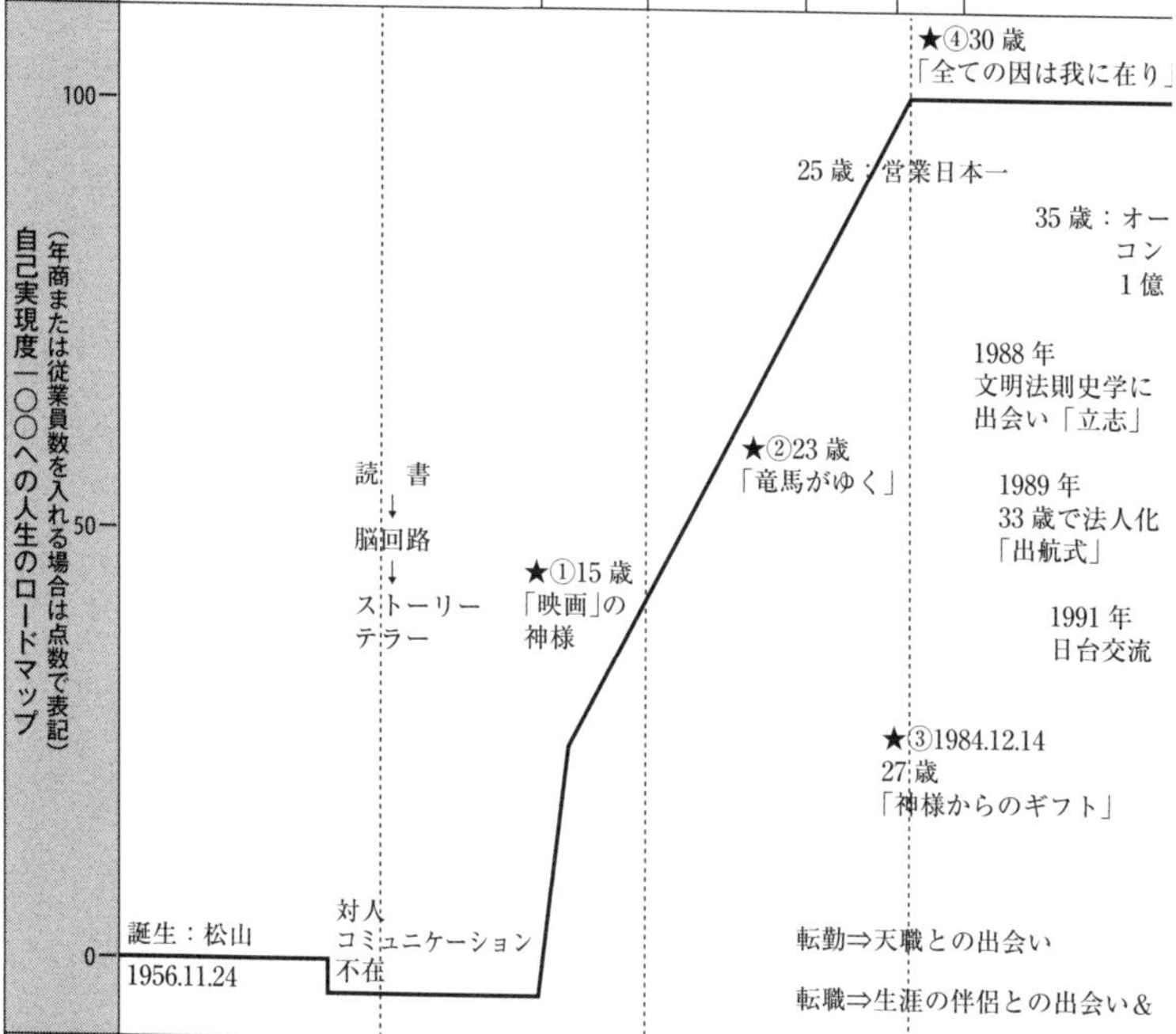

社内の歴史	・87年開業　・91年日　・89年法人化
社会の歴史	・64年東京オリンピック　・69年アポロ11号　・89年東西冷戦

・社内では

① なぜ、認定コンサルタントは1000万、3000万の年商の壁を軽く超えてこないのか？
② なぜ、「志授業」が、短期間で全都道府県に広がっていないのか？
③ なぜ、カンコンが経産省の後援になり、かつ2000名参加を超えていないのか？

6.「三観」や自分が自分に課した最上位の掟、自分の人生におけるブレない北極星とは？

・人生観「すべての因は我にあり」「一日一生」

・人間観「未見の我」「啐啄同時」

・事業観「人本主義」「未来ファースト（恩送り）」

・使命感「2100年に生まれる子どもたちが“あって良かった！”と思える社会志産を6つ遺す！」

・生き様「一日一生・残能全開・出し惜しみゼロ・言い訳ゼロ」

7.自分の「偉人メンター」「バイブル」「モデル企業」は？

・偉人メンター「後藤新平先生」

・バイブル「経営の行動指針（土光敏夫先生）」

8.人生における成功や失敗にはその人特有の一定のパターンがあると言われています。今までの人生における成功のシーンや失敗のシーンを想い起こし、その共通点をあぶり出してください。

① 成功における共通点（共通要因）→このパターンを活かそう！

一言集約	社会的欲求に適い、かつ自分が「本音の本気」で取り組んだときにのみ成功をしている。
解説	今までの技術者人生における成功のコツは「本気になれる目標」の設定と「継続力」にあると分析される。 今後の「事業家人生」における成功のコツとしては、出版・講演による「ブランド創り」と時間を味方にして増殖していく「仕組み創り」の両輪にあると想定をしている。

② 失敗における共通点（共通要因）→この「予兆」が出たら要注意！

一言集約	自分の「本分」に合わないことや目先の利益（我欲）を追うことにより「必然的」に失敗をしている
解説	自分の「本分」である「将の将」以外の「余分」に手を出したときに必ず失敗をしている。また失敗の共通点としては人の話を鵜呑みにした場合と目先の利欲（我欲）を追った場合が挙げられる。そこから「権威や利分に阿らず、王道を貫く」という信条が生まれた。

自己開示シート2：自分の人生の俯瞰・分析」（記入例）

策定日：2001年4月30日　改訂日：2016年12月31日

社名：臥龍海援隊　氏名：臥龍（角田識之）（60歳）

●「人生は出会い道、人生は気づき道」の我が人生シートを俯瞰しての「気づき」を抽出して下さい。

1.自分の人生ステージ（区分）はどのように変遷・進化をして来ましたか？

	区分	年齢	タイトル	一言解説
	第一期	0 ~23才	感性深耕期	本質を掴む感性の深耕、立志欲求の高まり
	第二期	23~25才	本願確立期	志・人生観、人生ビジョンの確立
	第三期	25~45才	技術者人生	日本でもトップクラスのマインドとスキルを持つ経営コンサルタント
予	第四期	45~60才	起業家人生前期	「六つの社会志産事業」の開発
定	第五期	60~75才	〃　後期	「六つの社会志産事業」の持続可能な仕組み創り

2.自分の思考が変わった大きな出会いや気づきは？（マインドブロックを外すチャンスも含む）

いつ	タイトル	出会いや気づきの内容
① 71年 春(15才)	神様と出会う	映画の神様から「成功のための五つのコツ」を学ぶ
② 79年 春(23才)	人物と出会う	「竜馬がゆく」を読み、「志・天命」に生きることを知る
③ 81年 3/2(25才)	三大指針	3年間近い練り上げにより志・人生観・人生ビジョンが確立
④ 84年12/14(27才)	生かされる	「人生は想う通りになる」ことを知る←交通事故による気づき
⑤ 88年 夏 (32才)	天命を知る	天命「亜太ルネサンスの礎」に目覚める←文明法則史学との出会い
⑥ 91年 春(35才)	義兄弟と出会う	王國勳、徐正群両君と出会い「三極史・桃園の契り」を結ぶ
⑦ 91年 秋(35才)	師匠と出会う	台湾で後藤新平先生の魂と出会う→天から目をつけられる人

3.今までの人生での一番の苦難とその壁を突破した方法は？

10年に及ぶ自分の父親との心の確執 ⇒ 30歳「全ての因は我に在り」の仮説を信じる

4.今までの人生で最高に嬉しかったこととその理由は？

妻が自分を信じてくれていること。ソウルメイト・小林佳雄さんからの本音の感謝状と告白状。ソウルメイト・猪股浩行さんと小池修さんと橋本英雄さんからの絶対信頼の告白⇒「絶対信頼」される喜び

5.自分が感じている素朴で大きな疑問とは？

・社会では

① なぜ、日本の幸福度順位はこんなに低いのか？

② なぜ、日本は幕末に植民地化を回避し、戦後、奇跡の復興を果たしたのか？

③ なぜ、日本が「無縁社会」になり、「貧困率」が急上昇しているのか？

69 新しい仲間を迎えるセレモニー

新卒・キャリア採用を問わず、新しい仲間が職場に加わったときには、全員が「自己開示シート」を配り、10分間の「自分物語スピーチ」をします。

スピーチは上の役職から行い、新人は最後です。新人は心の中で、〝この会社は、ここまで自分をオープンにしていいんだ。じゃ、自分も仮面を脱ごう！〟と思います。これで「心理的安全性」の高い職場が生まれます。

あるいは、新しいプロジェクトを始めるときも、その初回では、「自己開示シート」を配り、「自分物語スピーチ」をします。これで一気にチームの心温が高くなります。

70「全面自己肯定感」は最高に楽しい境地

この「自分物語スピーチ」を、内定式から入社までの間に徹底している会社があります。

自分の人生の事実を通して、相手のモチベーションを上げるスピーチができたら、「一面自己肯定感」が上がります。事実エピソードを変えながら、この一面を増やしていくと、いつか「全面自己肯定感」に到達します。

コップ、ペットボトル、バケツ、ドラム缶、タンクローリー、タンカーというように、容量がアップしていくのです（次ページ図）。

人は能力の範囲で頑張るのではなく、自己肯定感の範囲で頑張るものです。

一面一面、自己肯定感を高め
全面自己肯定感に近づき続ける

自己肯定感が低いと、事を前にして、「私、できません。私、無理です」というやる前から事に呑まれるという反応を見せます。しかし、全面自己肯定感になると、事を前にしても、「いいですよ。やってみましょう」という、事を呑んで掛かれる状態になります。

　ですから、この会社の入社日研修は、「幹部養成スタートアップ研修」なのです。まずはリーダー自身が、「全面自己肯定感」に到達しましょう。

　事にビビらない、事を呑んで掛かれる楽しさを全身で表現しましょう。きっと、部下もそうしたくなるはずです。

入社式直後の研修テーマ

全面自己肯定感に近づき続けると「呑まれる」が「呑んで掛かれる」に変わる!!

71 新入社員は「プロジェクト30」に挑戦！

臥龍は入社式の直前、3月30～31日に、新入社員対象の「幹部候補生スタートアップ研修」を実施します。その中で、各自の「プロジェクト30」を設定していただきます。

30歳のときにどういうキャリアを築いておくかを具体的に設計します。あくまで平均ですが、日本人の結婚・第一子誕生は30歳前後です。一気にライフステージが変わり、生活費が高騰していきます。そのときに、収入が持続的に上がり続けるポジショニングが取れているかは、大きく幸福度を左右します。

次は、収入が上がり続ける代表的なポジショニングです。

1. 超プロフェッショナル

業界におけるマイスター（匠）、会社に所属はしていても形式はタレントに近く、出版、ユーチューバー、社外においても講師や指導者ができる存在。

2．人を束ねて成果を上げるリーダー
M＆Aした会社のCOO（社長）がいつでも務まるレベル。
3．自営業者
事業を興して、出身企業と提携したり協業できるような存在になる。

「プロジェクト30」のゴールから考えて、入社1年目には何を身につけるかと考えることで、モチベーションスイッチが入るのです。

72 テンションを下げない保険

テンションを下げる要因にも、先手を打っておきます。

入社式の直前研修で、「会社は選べても、仕事と上司とお客様は選べない」をしっかりとお伝えします。

自分の思う通りになるというお客様意識で入ってくると、「そうでもなかった」というがっかり感が生まれます。

「出合った仕事を天職にする。出会った上司やお客様をファンにする」

これが出発点、当たり前と覚悟を決めておくと、テンションが下がる確率が下がります。

こういう保険も必要です。

73 自己肯定感を上げる「自分観察日誌」をつけさせていますか？

【高校生の自己肯定感＝セルフイメージ】

Ｑ１．あなたは、自分に価値があると思いますか？

Ａ１．ある。

米国89％、中国88％、韓国75％、日本36％

Ｑ２．自分を親が認めてくれていると思いますか？

Ａ２．思う。

米国91％、中国77％、韓国64％、日本33％

「財団法人日本児童教育振興財団内日本青少年研究所」調べ

２０１５年１月に臥龍は、岡山の日生《ひなせ》東小学校で５年、６年を対象とした「志授業」を実施しました。６年生は、当然、翌年は中学１年生に上がります。ところが、中学校から「今年の

1年生は小学生のとき、何かありましたか？」と問い合わせがきたのです。
それは次のような意識調査の結果があったからです。

日生東小6年生の半年後
「自分に良い所がある」
県平均　36・9％
日生中1年　64・9％

「将来の夢や目標がある」
県平均　65・2％
日生中1年　90・5％

実は「志授業」には、こういう項目があったのです。

Q.「自分観察日誌」をつけていますか？

自分の長所や得意なこと、人からほめられたことなどを書こう！　3分間でいくつ、自分の

小学校で「志授業」を実施（2015年2月）

目標を持って生きよう
日生東小「志授業」　5、6年生が学ぶ

日生東小学校（備前市日生町寒河）で1月30日、夢や目標を持つ大切さを学ぶ「志授業」と題する授業があり、5、6年生計69人が将来の生き方について考えた。

県内の会社役員や教育関係者らでつくり、同授業を推進しているNPO法人岡山立志教育支援プロジェクト実行委が、メンバーがいる同校に提案。同授業の提唱者角田識之さん（58）＝東京＝を講師に招いた。

音楽室に集まった児童に角田さんは、江戸時代、名産品を売るなどの創意工夫で備中松山藩の財政を立て直した山田方谷や日本人女性初の五輪メダリストとなった陸上選手の人見絹枝（1907～31年）など郷土の偉人を紹介。「志を持つとすごい力が発揮できる。自分の個性を生かして社会の役に立ち、感謝される人になって」と呼び掛けた。

6年山下優大君（12）は「自分に達成できる目標を探したい」と話していた。（岸俊行）

角田さん（左奥）から志を持つことの大切さを学ぶ児童

（2015年2月5日：山陽新聞）

長所・得意・ほめられたことが書き出せるでしょうか？

20個以上が「自分観察の達人」です。そして自分のいいところを、自分でしっかりほめてみましょう！

このたった1回の体験が、子どもたちの自己肯定感を大きく上げたわけです。

「カメはカメの群れの中にいると自分の遅さに気がつかない」と言います。日本の大人、親、先生、スポーツの指導者は、子どもたちを異常にほめない、承認していないことに、周りもそうだから気がつかないのです。

「自己肯定感」の上がった子どもたちは、堂々と自分の未来を語ります。

自己肯定感が高まる「自分観察日誌」

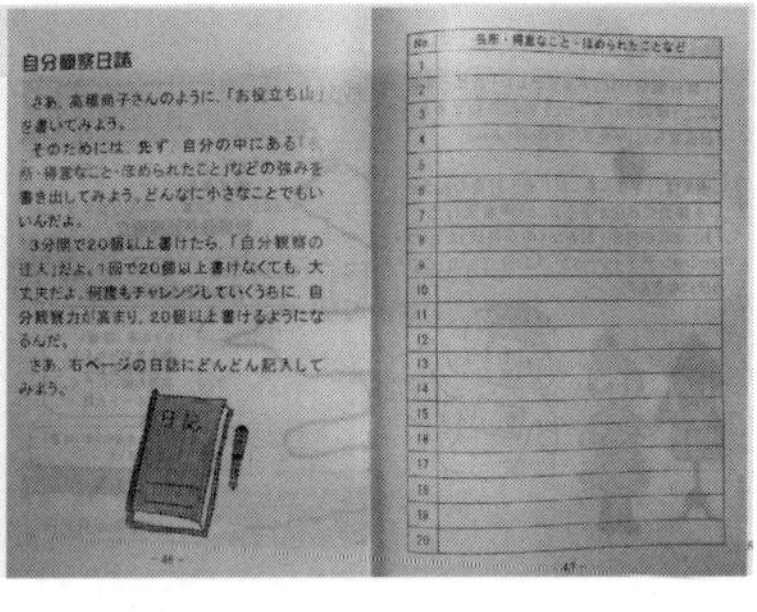

「自分観察日誌」をつけていますか？

自分の長所や得意なこと、
人からほめられたことなどを書こう！

３分間でいくつ、自分の長所・得意・
ほめられたことが書き出せるでしょうか？

20個以上が
「自分観察の達人」です。

この活動は、次のように新聞記事としても紹介されました（175ページの写真より）。

「目標を持って生きよう　日生東小『志授業』5、6年生が学ぶ」

日生東小学校（備前市日生町寒河）で1月30日、夢や目標を持つ大切さを学ぶ「志授業」と題する授業があり、5、6年生計69人が将来の生き方について考えた。

県内の会社役員や教育関係者らでつくり、同授業を推進しているNPO法人岡山立志教育支援プロジェクト実行委が、メンバーがいる同校に提案。同授業の提唱者角田識之さん(58)＝東京＝を講師に招いた。

音楽室に集まった児童に角田さんは、江戸時代、名産品を売るなどの創意工夫で備中松山藩の財政を立て直した山田方谷や日本人女性初の五輪メダリストとなった陸上選手の人見絹江（1907〜31年）など郷土の偉人を紹介。「志を持つとすごい力が発揮できる。自分の個性を生かして社会の役に立ち、感謝される人になって」と呼び掛けた。（以降略）

2015年2月5日：山陽新聞より

74 「美点凝視」で始まるときめきのスタートライン

この美点凝視の「観察日誌」を社内に応用すると、これも絶大な効果を発揮します。

新入社員には、「1週間のグッドグラス（美点凝視）シート」という課題を出します。会社の良いところ、例えばやり甲斐を感じること、社会やお客様から見て良いところ、上司や同僚の良いところ、会社の仕組みの良いところなどを一つでも多く見つけ、書き出してもらってください。

どのような些細《ささい》なことでもOKです。

合格の目安は70個以上（1日10個以上）です。「では1週間後に、全体朝礼で発表していただきます」ということで、職場の方々の前で発表していただきます。

聞いた先輩方からの拍手の後、新入社員一人ひとりに、先輩方から見たその人の良いところが、大量に発表されます。実は、先輩社員には、秘密のミッションとして、「1週間の新入社員各自の良いところ発見シート」が渡されていたのです。

この交換の場面では、本当に感動の涙が溢れます。

そして、新入社員、先輩社員のそれぞれが「美点凝視」で観察し合うことで、雰囲気が良くなります。「凝視」をするとその周辺がぼけてきます。

こういう仕組みがなくて、新入社員が会社や先輩の「欠点凝視」から入ったり、先輩が新入社員の「欠点凝視」から入ったケースを想像してみてください。ゾッとしますね。

1週間のグッドグラス（美点凝視）シート

この会社の良いところ（やり甲斐を感じること、社会やお客様から見て良いところ、上司や同僚の良いところ、会社の仕組みの良いところなど）を一つでも多く見つけ、書き出してください。どのようなささいなことでもOKです。合格の目安は70個以上（1日10個以上です）。

氏名：

NO	いつ	どこで	誰が or 何が	どう良かった

＿＿＿＿さんの良いところ発見：1週間シート

NO	いつ	どこで	どういう点が良かったか

７５

朝礼が職場の「良樹細根」を創る！

「１・０１の法則」と「０・９９の法則」というものがあります。

＋０・０１の努力を1年間続けると…１・０１×１・０１×１・０１×１・０１×…３６５乗（１年＝３６５日）で37・７８３４３４３。「１・００」のスタートが「約37・８倍」になるのです。逆に、ほんのちょっとさぼる（－０・０１）ことを1年間続けると…０・９９×０・９９×０・９９×０・９９…３６５乗で０・０２５５１７９６４５。「１・００」のスタートが「約０・０３」まで減ってしまうのです。

この「ほんのちょっとの＋０・０１」は、時間数にして、１日＝24時間＝１４４０分×０・０１＝約15分となります。

この15分や30分の「朝礼」をどう使うか？　これは、重要な経営戦略です。

結論から言えば、「朝礼は、最高の理念浸透の場、最高の人財育成の場、最高の社風醸成の場」です。朝礼が、職場の「良樹細根」を創るのです！

朝礼動画
酒井商會

76 「ん？　それで」と聞こう！

潜在意識は、「語尾」に影響を受け、その後の言動に表れます。

「失敗した」と言っても、すぐに「これがいい経験になったので、次はうまくいきます」と言えばいいのです。

「人前でしゃべるのが苦手です」と言っても、すぐに「朝礼でのスピーチ習慣を続けているので、近いうちに皆さんが驚く3分間スピーチの達人に変わりますよ」と言えばいいのです。

本人が暗転する言葉を言ったのに、語尾を変えないときは、周りから「ん？　それで」と次の言葉を促す職場を創ることです。

77

職場の空気は「言葉の習慣」で決まる
～GOOD言葉を流通させる

ヒト☆ピカリーダーは「GOOD言葉」を流通させる！

空気が淀んでくると気分は暗くなります。気分を暗くする言葉は、「BAD言葉」です。逆に森林浴のオゾンのように人の言葉をさわやかにするのが「GOOD言葉」です。

埼玉のリハプライム（福祉介護業）で、聞くと気分が暗くなる言葉をアンケートで取ってみました。

1位「馬鹿じゃないの？」
2位「やってられない」
3位「大変なことになった」
4位「イライラするなぁ」
5位「何度言ってもダメ」

6位「ひどいなぁ」

これをどういう言葉に変えたら「GOOD言葉」になるかということで、グループ討議を行いました。結果、こう変換されました。

1位「馬鹿じゃないの？」　↓「個性的だな」
2位「やってられない」　↓「やりがいあるな」
3位「大変なことになった」　↓「エキサイティングだ」
4位「イライラするなぁ」　↓「成長のチャンスだ」
5位「何度言ってもダメ」　↓「言葉の引出しが増える」
6位「ひどいなぁ」　↓「面白くなってきた」

これを標語のようにして、職場の各所に貼ってみたそうです。結構、変換意識が高まり、「BAD言葉」が減り、「GOOD言葉」が増えたそうです。

ただ小池修社長が、苦笑交じりで、「臥龍先生、最近従業員が、『社長、エキサイティングになってきました！』と言うので、『それは（良いニュース、悪いニュースの）どっち？』」と聞かなくてはならないとおっしゃっていました。

ヒト☆ピカ企業

リハプライム

上場企業の執行役員であった小池修氏が、２０１１年に埼玉・大宮で創業しました。まったくの異業種から福祉介護の業界に参入したわけですが、現状、歩行訓練専門デイサービス「コンパスウォーク」を中心に、直営とＦＣ合わせて全国１３２店舗（２０２２年11月現在）まで展開されています。それは小池氏が、自分の両親を守るためには、介護ではなく「敬護」が大事、この「敬護」で自分の両親を守り、故郷に貢献するという志に、多くの方々が共鳴した証だと思います。親孝行が全ての事業開発・商品開発の起点となっています。２０２３年には、「第13回日本でいちばん大切にしたい会社」大賞で「厚生労働大臣賞」を受賞。

リハプライム HP

親孝行が
事業開発の起点

78 アクセル全開のカメでありたい

輝きにも2種類あります。太陽は自ら輝いていますが、月は太陽の光が届いているときだけ輝きます。前者をモチベーション型、後者をテンション型と言います。

テンションは環境に左右されます。モチベーションは環境に左右されないものです。

寓話の「ウサギとカメ」の物語。足の遅いカメが、なぜウサギに勝ったのでしょうか？　ウサギはカメを見て、これだけ差が開いていたら大丈夫と昼寝をしてしまいました。カメはウサギを見ていません。ゴールを見つめ、ひたすら前進していきます。カメはモチベーション型、ウサギはテンション型と言えます。

私たちは、常にアクセル全開のカメでありたいものです。

テンションとモチベーション

ウサギ型は「テンション」で生きる！

カメ型は「モチベーション」で生きる！

79 入社1か月以内にテンションからモチベーションに切り替える

4月1日は入社式が集中する日です。新入社員のテンションは高いものです。4月1日からテンションが低い新入社員がいたら、それはそれで心配です。

新入社員からの力強い決意表明を聞いて、「今年の新人は期待できるな！」と言う社長もいらっしゃいますが、臥龍は信用しません。それは入社式という環境がもたらすテンションです。入社から1か月以内に、新入社員をテンション型からモチベーション型に切り替えないと、5月、6月になると離職という悲劇が訪れます。

報告を聞いた社長が、「あれほどに意欲的だったのにどうしたんだ？」と言っても手遅れなのです。

臥龍の顧問先では、先手を打って入社直前研修（171ページ）でモチベーション型に切り替えています。4月1日の風景は同じように見えて、それぞれの新入社員の内面はまったく違うのです。

80

勉強時間と学力は比例しない

臥龍は、仕事で秋田県に伺うようになって、秋田が小中学生の学力テストで上位だと知りました。しかし、小学6年生の勉強時間のデータには驚きました。

1時間以上2時間未満の勉強時間の人は、

全国平均　36・2％

秋田県　56・2％

3時間以上の勉強をしている人は、

全国平均　11・2％

秋田県　3・6％

結論として、秋田県の子どもたちは、「家庭」での予習・復習が中心ということです。言い換えると、都会のような多彩な学習環境がないということですが、これがいいのかもしれません。

考えてみると、効果的に学力をつけるには、徹底的に考えて予習し、授業を集中して聞き、繰り返し復習を行い、わからない点はわかるまで質問することが望ましいことは、容易に想像がつきます。

Q．「家庭」での予習・復習を「職場のＯＪＴ」に置き換え、効果的な人財育成のポイントを掴んでみると？

A．「予習」＝徹底したリハーサル
「復習」＝「この点をもっとやれば良かった」が記憶にあるうちに、再度やらせること。

「肝」＝「できるまでやればできた」という成功体験を心に刻ませることになります。

81 人財育成の４つの手法と人財育成効果

人財育成の４つの手法とそれぞれの人財育成効果の割合は、臥龍の35年間の経験では、次の通りです。

社内集合研修　10％
社外派遣研修　10％
ＯＪＴ（現場指導）　40％
自己啓発　40％

結論から言えば、社内集合研修や社外派遣研修の場面がゴールとなり、ＯＪＴ（現場指導）や自己啓発に反映されない研修は、とてももったいない時間と費用の損失なのです。

研修はＯＪＴや自己啓発を始めるきっかけ、そのマンネリを防ぎ、レベルアップするきっかけなのです。

人財育成の４つの手法と人財育成効果

臥龍の 35 年間の体験値

社内集合研修 10%	OJT 現場指導 40%
社外派遣研修 10%	自己啓発 40%

82

過去100年・成功者の共通項

過去100年に、世界の実業界で活躍した人たちを調べてみた。彼らが成功した要因は、彼らが例外なしに会社が終わってからの時間が大切だと思っていた点に求められる。
1日1時間の勉強を1年間継続すれば、どの分野でも専門家になることができる。

バブソン大学ロジャー・W・バブソン博士提唱の「繁栄の条件」より

会社で8時間働くのは当たり前。当たり前でないのは会社が終わってからの時間をどうするかだ。

土光敏夫『土光敏夫　信念の言葉』(PHP研究所) より

臥龍も、
「一人の時間をどう使うか？　その意思決定が、あなたの未来を決める！」

と繰り返し、お伝えしています。

松下電器（現パナソニック）は、日本の中でも週休2日制をいち早く導入した企業ですが、松下幸之助氏は、「一日は休養、一日は教養」と言っています。

新入社員には、内定からの18か月間で、「自己啓発」の習慣を持たせることです。これに一番効くのも「一学一践のバディ制度」です。自分の意志力だけで「自己啓発」ができるのは少数派です。仕組み力をセットにしないといけません。

83

良き指導者は良き読書家である

書く力・話す力の基盤は、良書習慣です。

「A great leader is a great reader.（良き指導者は良き読書家である。）」の通り、ビル・ゲイツは、年間50冊以上の読書を習慣とし、2012年からは毎年、自身のブログを通じて、読んだ本の中から数冊を推薦書として公開しています。

2018年には「これまで読んできた中で最も重要な本の一つ」として、『FACTFULNESS』（日経BP）の電子版をその年に卒業するアメリカの大学生の中から希望者全員にプレゼントしています。

孫正義が、起業後わずか2年で患った肝炎で入院していた3年半の間に3000冊を読破した話も有名です。ウォーレン・バフェットやマーク・ザッカーバーグなど、著名な経営者の多くが熱心な読書家です。

Q．どんな情報でも瞬時に手に入るこのインターネットの時代に、超多忙な実業家がわざわざ貴重な時間を割いて読書をするのは、なぜ？

A．ビジネスリーダーとして、あるいは人間としての「思考洞察判断力」を高めるためです。人生も仕事も、答えのないことに答えを出すことの連続です。答えのあることに答えを出す分野はＡＩが担当します。動画のように流れていく情報ではなく、「考える間」が入る読書以上の自己啓発習慣は、当面現れません。

84 本物の「読書習慣」が人財育成の王道

ベストセラーになった『ＡＩ分析でわかったトップ５％社員の習慣』越川慎司・著（ディスカヴァー・トゥエンティワン）を読んで、以下の読書量格差に唖然としました。

年間読書量　一般社員　２・２冊／年

トップ５％社員　48・２冊／年（月４冊）

極端な言い方をすると、月４冊以上の読書習慣がない人が、トップ５％入りする確率は、極めて低いことになります。

しかし、数を読めばいいかというとそうではありません。本物の読書習慣を持たないと本物のリーダーは育ちません。本物の読書習慣は、下記の４点で構成されています。

正しい「読書習慣」

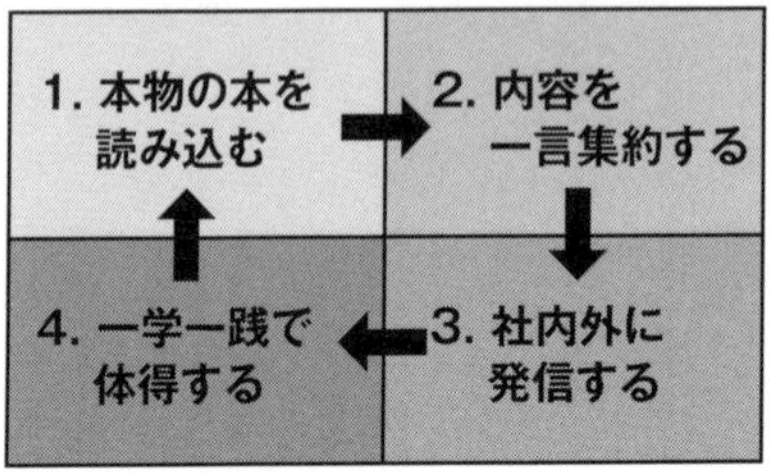
1. 本物の本を
読み込む
2. 内容を
一言集約する
3. 社内外に
発信する
4. 一学一践で
体得する

85 本物の本を読み込む

「人は食べたもので身体が作られ、
聞いた言葉で心が創られ
語った言葉で未来が創られる！」（臥龍）

時流やトレンドを探すための情報収集であれば、新聞や雑誌の見出しで十分ですが、人を動かすリーダーが食べる情報は、重厚長大が基本です。

「軽い言葉を食べると、心も軽薄になる。
重い言葉を食べると、心も重厚になる。
重厚な心から放たれた言葉は、相手の心に響く」（臥龍）

臥龍の座右の書：ベスト5

『実践経営哲学』松下幸之助 著（文庫・PHP 研究所）
『心に革命を起こせ』田辺昇一 著（文庫・新潮社）
『新訂 経営の行動指針―土光語録』土光敏夫 著（産能大出版部）
『人間の魅力』田辺昇一 著（文庫・新潮社）
『浜田広が語る「随所に主となる」人間経営学』浜田広 著（講談社）

書く力・話す力の基盤は 良書習慣

軽い本を100冊読むのであれば、重厚な本を1冊決め、100回読み返すほうがはるかに益があります。重厚な本は、長い間、読み継がれているロングセラー、古典です。

それと読書は、ビジネス書の古典ロングセラーの左脳タイプと偉人・歴史ものや小説などの右脳タイプを交互に読むことをお勧めします。

前者だけでは、人が人を動かす上で欠かせない「ストーリーテラー（語り部）」としての力量が上がりません。

最近、6冊目が加わった！

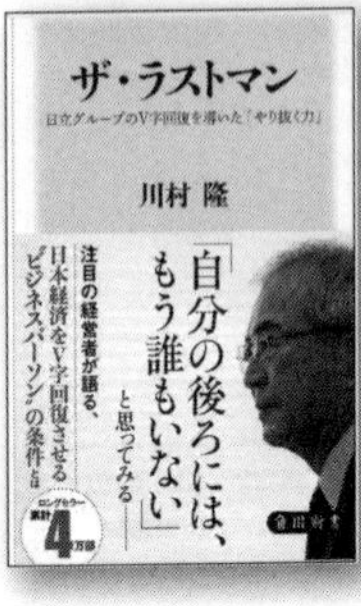

『ザ・ラストマン』
川村隆 著
（新書・KADOKAWA）

86
内容を一言集約する

本を読むときには、章立て毎に、内容を「一言集約」することです。

年齢・役職が上がるということは、手元に集まってくる情報が増えてくることです。部下の報告を聞きながら、その内容を一言集約できないと、判断ができません。一言集約能力のないリーダーは、判断できない、先送りすることで、チームのスピードにブレーキを掛けていきます。

読書習慣は、答えのないことに答えを出す能力を養うものです。そのための「一言集約」です。30代になってからでは遅いのです。20代において養っておくから、仕事の幅が増えても、部下ができても大丈夫なのです。

内定からの18か月間で、最低月に3冊は読む習慣をつけさせましょう。

新入社員の読書感想文

新入社員・月３冊以上の読書習慣

2021年　5月　20日　部署名：多摩フードサプライ　　氏名：橋本尚弥

タイトル	AI分析でわかった トップ５％社員の習慣	著者名	越川慎司	出版社	ディスカヴァー トゥエンティワン
読者想定	成長意欲の高い人が確実に成果を出すために読む本 （例：若くして部署リーダーになった人向けの本）				

●心に残った内容（頭に引用ページをふった箇条書きで記入。全ての行が埋まるように書いてください）

1、P17　失敗を失敗で終わらせることなく、失敗の発生原因をつきとめるチャンスだと考えて、次の行動で修正していく。
2、P18「5%社員」は設定された目標以上の高い目標を自ら設定し、それをクリアしようと努める。
3、P22　正しい目的を理解し、目的に合わせて行動をして、最終的に成果に結びつける。
4、P23「5%社員」は、「自分がわからないことがある」「まだ学べていないことがある」という前提に立っており、他者から自分が持っていない知見を獲得しようとしている。
5、P35　意識を変えて行動するのではなく、行動を変えることによって意識が変わる。
6、P49　95%の一般社員は作業が終わった充実感に満たされ、「5%社員」は成果を残した時の達成感を目指している。
7、P69「5%社員」は、報連相を怠ることはない。また、相手が連絡した際にもレスポンスが早く返ってくるケースが多い。
8、P86　改善と成長を目指しており、それに向けて仕事をしているという感覚を持っている。
9、P98　はじめから完璧を目指すのではなく、途中で修正しながら進んでいくほうが成果を残しやすい。
10、P99「5%社員」は、「8割」といった精度の目標値や、作業時間を設定し、意図的に完璧を目指さないようにしている。そのおかげで、どんどん先へ進んで、行動量が増え、結果として成果を残しやすくなる。
11、P113　社会人の能力開発の70%以上は、現場での経験によるものだといわれている。
12、P118　資料などを提出・納品した後には、相手から感想や改善点などのフィードバックを必ずもらう。
13、P122　思いついたことを臆せずアウトプットする。
14、P127　笑顔はこの人と一緒に仕事をしたいと思ってもらうための最高のツール。
15、P145　組織内で円滑なコミュニケーションを取るためには、特段の用がなくても同僚に話しかけて相手に関心を持ち、良好な人間関係を構築する必要がある。
16、P204　一日の終わりに5分くらいで、翌日以降のスケジュールとタスク整理。

●一言で言うと私にとってどういう本だったか？（一番重要なことをプラス言葉で表現してください）

同期（つばさHDの8人だけではなく）の「トップ5%」を目指すうえで、必要な行動や意識するべきことを学ぶ事が出来る本。

●自分の仕事や人生に活かしていくこと（ものの見方や考え方、言葉遣いや行動習慣などを具体的に）

・やるべきことを考えすぎず、まずは行動に移す。
・発表や何かを任された時には、フィードバックを積極的にもらいに行く。
・発言回数を増やし、内容は端的に分かりやすく話す。
・退勤前に、翌日以降の自分の予定、行動の整理と、それについて確認するべきことを漏れがないようにしっかり確認しておく。

87 社内外に発信する

人は発信する、教えることで、記憶定着率が上がります。

自分の読書内容（一言集約内容）を、スタッフに読書日誌として発信している方は多いです。こういうアウトプットの習慣があると、インプットの習慣も止まりません。

これを職場内でやるのが、社内読書会です。月に1冊、課題図書を決め、その読書感想文の発表会をするのです。同じ本を読んでも、捉えるところが違う、まとめ方の視点が違うため、多様性があることを学べます。

第１回　読書感想共有報告会

2021.5.21　（株）多摩フードサプライ

●目的

「自己実現達成に向けた自己啓発を通じて得た学び・気づきの共有」

●成果物

1. 得た学びや気づきを自ら発表することで、より理解を深める。
2. 仲間の報告を聞くことで、仲間の感性や考え方に触れる機会を作り、新たな気づきを得るきっかけや今後のコミュニケーションに役立てる。
3. 人に伝える練習（何を伝えたいかを明確に＝学びが明確になる）

●流れ

1. 共通学習教材タイトル説明
2. 各自報告　一人５分（±5 秒以内）
3. 各自報告を受けて一人１コメント

終了

88 「一学一践」で体得する

1冊の本を読んだら、その中から「実践体得・習慣化」することを一つ決め、体得していきます。「習慣化が学びのゴール」です。

そして、日々報告するバディを持つ「仕組み力」が、確実な体得を助けます。

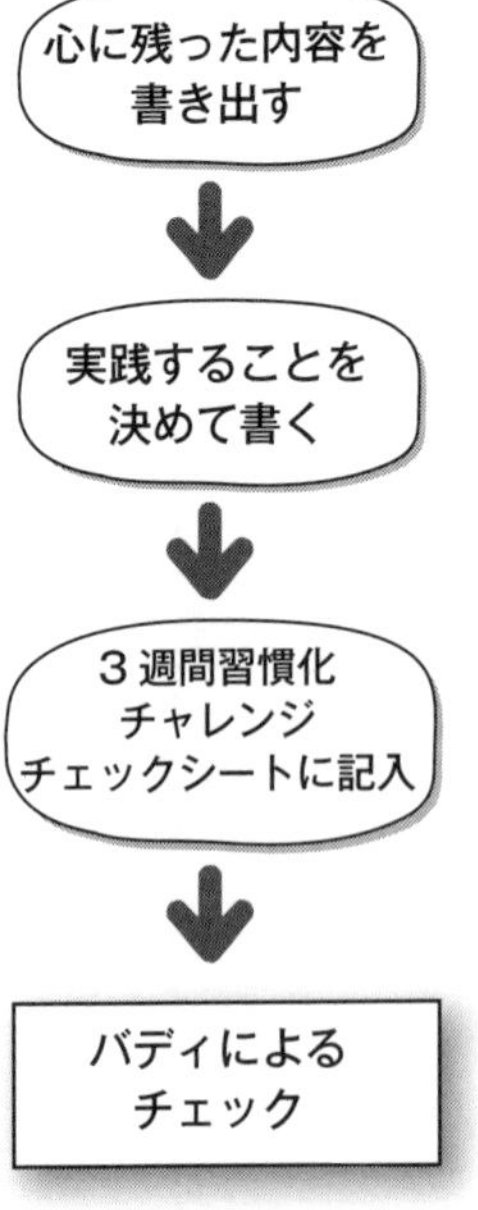

読書感想文：一学一践つき

読書感想文

年　月　日　部署名：　　　　　　　　　氏名：

タイトル	（温かいおせっかいのテキスト本）『人を動かす』	著者名	D. カーネギー	出版社	創元社（文庫本）
読者想定	（例：若くして部署リーダーになった人向けの本）				

●心に残った内容（頭に引用ページをふった箇条書きで記入。ページが増えてもOK）

●一言で言うと、私にとってどういう本だったか？（一番重要なことをプラス言葉で表現）

★一学一践、3週間習慣化チャレンジ!!　　◎できた！ ○チャレンジした！ △次こそは

テーマ	月	火	水	木	金	土	日
超具体的な実践事項							
実行期間：　月　日から　月　日まで							

★実践の振り返りと更なる習慣化への決意

★バディ【スタート時の確認サイン：　　　　　】終了時のアドバイスは以下の通り

89 臥龍式・30分読書法

毎朝の30分読書が、あなたをリーダータイプに育てます。タイマーをセットして、デットライン読書をします。

★10分　一気に読みます。止まらないことがコツです。気になったところがある箇所のページ数をメモしながら読みます。

★10分　その気になった箇所を再確認し、特に心に響いた箇所は入力して保存します。入力時には、「リーダーシップ」や「ＯＪＴ」などのキーワードをつけておくことで、「我が名言ＢＯＸ」ができます。後日、「リーダーシップ」や「ＯＪＴ」などで検索すると、自分の心に響く名言がズラっと出てきます。これがスピーチや社内報などに役立ちます。

★10分　一言集約します。これが能力開発の要となります。

90 「曼陀羅シート」が人財を3倍速で成長させる！

「曼陀羅《まんだら》シート」は、大谷翔平選手が高校時代に使っていたということで再び脚光を浴びた目標達成表ですが、完ぺきに活用できている会社は、ほとんどありません。

その臥龍は、「曼陀羅シート」の有効活用指導でも、日本トップクラスと自負しています。その基本的な手順を、事例と共に記しておきます。前提としている「人財」の定義は、我が社の理念・ビジョンの実現を自らの成長で前倒しさせる人。この定義がないと、大谷選手のシートを参考に、勝手に作らせるようなことになります。そういうシートは、いつの間にか「あれどうなった」と消えていきます。

事例の企業は、千葉県にある平林建設という創業50年の工務店です。これからの厳しい荒波を乗り切るために「第二創業出航式」を行いました。船が変わることの本質は、乗船するクルーの内面が変わることです。

1．方向性を明確にしました。

第二創業出航式の目的は、アマチュア集団・仲良しクラブの「平林建設丸」から、プロ集団「元気工房ひらけん丸」にぜい変すること。事業がＢtoＣの個人向けが主体なので、屋号を「元気工房ひらけん」にしました。

「使命感：家庭と地域の元気を創る〝元気工房ひらけん〟

～日本一の元気三方良しの実現：お客様良し、地域良し、我が社良し～」

そして、プロ集団の一員として厳守する「チームとの約束三カ条」を全員で議論し、決めました。

★「チームとの約束三カ条」

千葉県で一番「勝ちにこだわり結果にこだわるプロ集団」を実現します。

1）決めたことをやり抜き「計画＝結果」の社風を創ります。

2）「人に優しく、事に厳しく、場は楽しく」をモットーにチームワークの向上に尽くします。

3）一人ひとりが「日本一まんだら目標」を定め、厳愛と慈愛の関わりでそれを形にします。

2．プロ集団の一員として体得すべき八分野を全員の話し合いで設定しました。

3．3年後の帰航式までに実現する各自のＮＯ．1目標（センターピン）を設定します。

この目標は、理念・ビジョンの実現を自らの成長で前倒しさせるもので、具体的であり、全員の了解が絶対条件となります。

4．各自の実践目標を64マスに埋めていきます。

5．毎月、「一学一践バディ制度」で、NO．1目標を達成するための64マスから選んだマイ・ルーティン（習慣）化を高めていきます。

全員投票で、一番頑張っている人の「月間MVP表彰」や、「年間MVP表彰」も行います。

ヒト☆ピカ企業　**平林建設**

千葉の大喜多町を中心に、新築工務店として歩んできた会社です。

２０２２年６月に、地域に元気を届ける「元気工房ひらけん丸」として、第二創業出航式を行いました。現社長・平林重徳氏から（社員から抜擢した）新船長・嶋野翔氏へのバトンタッチに当たり、個々のクルーが「何かで日本一に成ろう！」という想いを曼陀羅シートで表明しました。

平林建設 HP

ひらけん丸
第二創業出航式

平林建設　まんだら目標　　　　氏名　高尾　批肇美

勉強会を週１回行う	現場での勉強会を行う	資格取得まずは宅建士	３食バランスのとれた食事	１日１万歩	水１日１L以上	常に笑顔を心がける	伝筆でお礼状を書く	お礼は２回伝える
アプローチブックを活用したロープレを週１回行う	知識・技術	自分学んだことを他者にアウトプットする	サプリメントを飲む	元気・健康	友人との息抜き	現場での挨拶を徹底する	ABC おもてなし	現場の着工時と竣工時に現場周辺の清掃を行う
学んだことはその場限りにせず復習を行う	セミナーへの積極的な参加を月１回は行う	資格取得のための勉強を週５時間は行う	年１回家族旅行に行く	最低でも６時間睡眠をとる	朝日を浴びる	出社前に鏡で身だしなみチェックする	着工前の近隣挨拶を欠かさない	５分前行動を常に行う
車の中をキレイに保つ	道具を大切に扱う	ゴミ拾いを行う	知識・技術	元気・健康	ABC おもてなし	節水する	使用しない電気はこまめに消す	コピー用紙の無駄遣いを減らす
挨拶は自分から元気良く行う	運	毎朝トイレ掃除を行う	運	紹介率No.1のママさん営業マン（月５件）	SDGｓ	冷暖房の設定温度を意識する	SDGｓ	食品ロスを減らす
先言後礼を意識する	１日３善	ポジティブな言葉を選んで使う	人間力 思考力	安心・安全	チームワーク リーダーシップ	中大規模木造倉庫を年間１棟目標にする	ノー残業デーを取り入れる	地産地消に取り組む
コミュニケーションを大切にする	常に穏やかな雰囲気を持つ	本を月１冊読む	無事故を継続する	無違反を継続する	アフターサービスを行う	現場状況を共有する	部内で互いにフォローする仕組みを作る	終礼時の理念浸透を通して方向性を合わせる
先を見据え行動する	人間力 思考力	プラスな考え方に意識して変換する	有給休暇の取得率を達成する	安心・安全	現場での安全管理マニュアルを作成する	目標をKPIで具体的に設定し取り組む	チームワーク リーダーシップ	月１回の部門会議時にKPIの進歩状況を報告する
イラっとした時は一旦深呼吸をする	意思決定を３秒以内に行う	「まあいっか」の考え禁止	環境活動での現場ゴミ拾いを行う	運転時や、現場で危険と感じたことを終礼で共有する	現場でのヘルメット着用を徹底する	世代別会議を月１回行い、意見交換する	女性社員で３か月に１回ランチミーティングを行い意見交換する	目標に対してPDCAのサイクルを回して振り返りを行う

平林建設　まんだら目標　　　　**氏名　石川　愛**

建設業経理士2級	同業他社へ視察	補助金情報や保険に関する情報発信	毎日おべんたぐらむ投稿	骨粗鬆症予防（カルシウム・ビタミンDとK摂取）	コーヒーは無糖	郵送時の手書きメッセージ	週の初めと終わりの机上清掃	季節ごとのカフェメニューの充実（年2回→季節毎）
社員大工の求人	知識・技術	施工品質に関するSNS発信	社用車抜き打ちチェック（会議時不定期）	元気・健康	標準体重51.5kg	おもてなしPR（YouTube動画）	ABC おもてなし	来客時に会議室に花を飾る
中大規模木造PR	現場プラス活用（職方さんも）	月次管理の徹底（毎月全体チェック）	運転スコア月平均90点以上	睡眠スコア月平均90点以上	「大変」「疲れた」を言葉にすることで自分を楽にする	提出物は自分が1番になる	お引渡しプレゼントレベルアップ	インターンシップ企業見学受入れ
終業時に皆に感謝して帰る	社員・お子様アニバーサリープレゼント	毎日のトイレ掃除	知識・技術	元気・健康	ABC おもてなし	月2回の環境活動	相談窓口開設	SDGs取組事例SNS発信
1日3善	運	いつもより20分早く起きる	運	地域で一番愛され年間就職希望者数30名	SDGs	古着でワクチン利用	SDGs	ノー残業デーを設ける
期限は使い切らない	御礼はその場と翌日の2回言う	毎月お参り（お墓・寺・神社）	人間力 思考力	安心・安全	チームワーク リーダーシップ	コピーカウンター料10%削減	子育て・介護・資格取得に関する福利厚生	地産地消（月に一度は産直で買い物）
理念かるた月に1回フィードバック	出勤時に一人ひとり挨拶＋一言	みいつけたカード週10枚	職方さんへ季節の挨拶	電話対応後の担当者の対応を最後まで確認する	スムーズな補助金申請	月2回のリーダー会議	月2回のチーム会議	1日3おせっかい
陰褒めシートで共感数1番をとる	人間力 思考力	1日1回「石川さん、ありがとう」	CSアンケート月1の全体会議で発表と共有	安心・安全	現場プラス推進（お客様にお見せするまで）	チームで毎日の滑舌訓練	チームワーク リーダーシップ	担当に言われる前に先回りして準備する
PTA・役員積極的参加	自分の意見を言う前に相手の意見を聞く	日曜日の初耳学を見る	ストーリー性を持たせた施工例のリニューアル	新築物件の精算を住宅部とコラボして行う	注文書・請書の作成とフォロー	世代別会議を月1回行い、意見交換する	粗利目標達成表の作成と掲示での成果の見える化	LINEワークスでのタスクを共有と適宜フォロー

91 臥龍式面談～最高のアドバイザーは未来の自分

人間は、過去の自分に対しては、最高のアドバイスができます。ということは、未来の自分が描けたら、その未来の自分から今の自分に対しても、最高のアドバイスができるのです。

それをコーチングしながらの1on1ミーティング（個別面談）は、とても活性化した時間になります。実施された経営者の皆さまから、「従来の面談は、話してくれと言っても無口だったが、臥龍式に変えたら、止まらないほど話し出してビックリした！」という声をいただきます。

ステップは次の通りです。

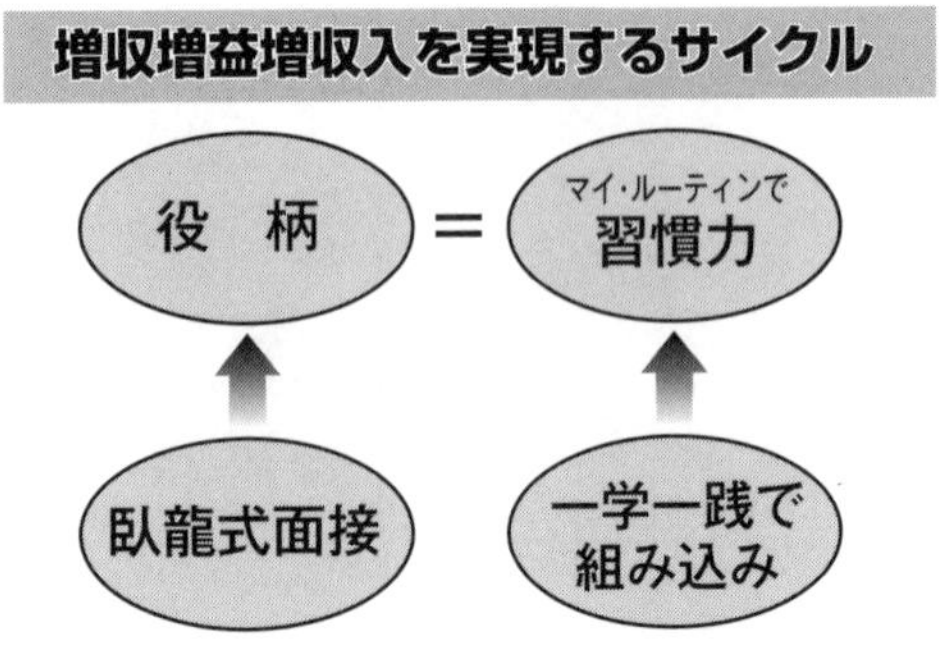

1．自己開示シートの作成と開示（158〜167ページ参照）

2．過去（例：20歳、30歳）の自分に対するほめることやアドバイスを行う。
「こういう意思決定を選択しなさい。その理由は○○です」

3．自分の人生のブレない北極星は何か？
「あきめない」という選択肢しかない、私が登頂すべき「お役立ち山」は何か？

4．未来（例：40歳、50歳）に成りたい理想の自分像は？
「成れる、成れない」ではなく、人生に悔いを残さない「成りたい」理想像は？

5．未来の自分からのアドバイスを聞くと何と言っていますか？
「こういう意思決定をしなさい。その理由は○○です」

臥龍式面談～最高のアドバイザーは未来の自分～

1. 自己開示シートの作成と開示
2. 過去(例:20歳、30歳)の自分に対する、ほめることやアドバイス
「こういう意思決定をしなさい。その理由は〇〇です」
3. 自分の人生のブレない北極星は？
「あきらめない」という選択肢しかない
私が登頂すべき「お役立ち山」は？

(事例)　2021年2月19日　氏名:成澤　知恭

3. 自分のブレない北極星は？
「あきらめない」という選択肢しかない
私が登頂すべき「お役立ち山」は？

自分の人生の象徴理念「お福分け請負人」
実践理念「仲間と共に夢中に生きる」
経営観「人間の持つ最も美しい価値創造」と心中する。
ローズメイの社員一人ひとりが、世の中への価値創造をできる真のプロ集団となることで、社内、社外に人間の持つ美しい価値を波及させていく。ローズメイを高度幸福社会の源泉企業とすること。

4. 未来に成りたい理想の自分像は？
「成れる、成れない」ではなく、人生に悔いを残さないための
「成りたい」理想像は？

① 40歳のとき
各部門長や新入社員の潜在能力を引き出せる在り方研修を行える人財育成のプロになっている。社外からも講演依頼があり、お客様にも何人も自分のファンがいる。
② 50歳のとき
Mr.VHSのように、社史に燦然と輝く作品(社員、物語、事業所、商品)を残している。

5. 未来の自分からのアドバイスは？

① 40歳の自分からは
株式会社成澤の商品価値を高める業態開発をしなさい。常に他社だったら自分にいくらの値付けをしてくれるか自問自答しなさい。ローズメイの中の蛙にならないように。いつでも転職できるだけの、品格とスキルを身につけなさい。真の意味で、ローズメイから自立した存在になりなさい。
② 50歳の自分からは
自燃塾生として、恥ずかしくない人生を歩めていますか？
半田さん、山道さん、笠原社長と胸を張って会えますか？

92 「現場社長」としての成功体験を持たせよ！～武器は「KPI」と「業績先行管理」

部下に、「現場社長」としての成功体験を持たせるためには、「KPI（Key Performance Indicator）」と「業績先行管理」という武器を持たせることです。

臥龍式でのKPIは、一般的なKPI活用とは違うことを前提としてお伝えしておきます。臥龍式では、「KPIとは、自分たちの意志力だけで実行消し込みができるもの」と定義しています。

夢・目標を追ってはいけません。追うのはKPIです。事例を挙げてみます。

「家を建てたい」というものは、夢・目標です。

これをKPIに落とし込むと、以下のようになります。

1．通勤圏内での50坪の土地価格を調べる。

2．上物で政府補助がつくものを調べる。

3. その合計金額を押さえ、家を建てるには自己資金がいくら要るかを銀行で確認する。
4. 自己資金を貯めるための月次と賞与での貯蓄計画を立て、実行する。
5. これで臥龍は28歳で、一戸建ての我が家を建てました。

売上高目標や新規開拓件数やCS（顧客満足）アンケート点数などは、目標です。これらをKPIに落とし込ませるのです。

93 目標には2種類ある

○目標＝ＫＰＩ。

例えば、ありがとうカードの枚数は、元々自分たちの意志力だけでできるものです。

○目標＝非ＫＰＩ。非ＫＰＩはＫＰＩ化する。

例えば、メディアに紹介される件数４件は、自分たちの意志力だけでは達成できないものです。それをＫＰＩ化すると、採用確率50％として、プレスリリースを8件出すこととなります。

94 常にゴールから逆算「業績先行管理」

過去の数字は変えられない。変えられるのは未来の数字です。

常にゴールから逆算して考えます。

今の実績と読めている見込みを足した数字でも、期末のゴールの数字には幾ら足りないかの「差額数字」を確認し、それを埋めるためのＫＰＩを立て、消し込んでいきます。

「計画」＝「結果」にした回数で、人はマネージャーに成長していきます。

「勝ち癖」を部下につけてあげることです。

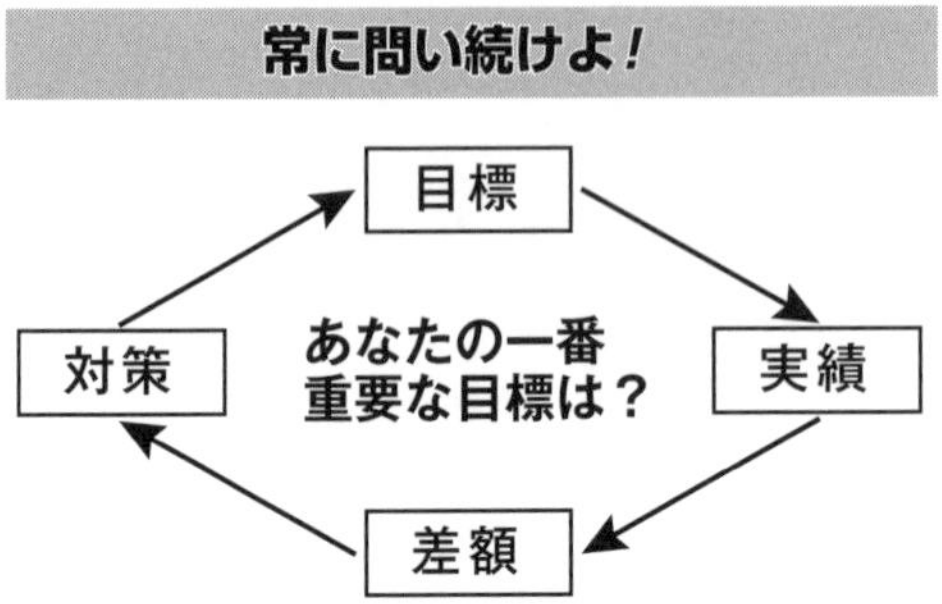

95 議論がないからイノベーションが起きない！

臥龍は、日本の失われた30年の真因は、「スピード」と「イノベーション」が圧倒的に不足している点にあると思っています。

この件では、物語コーポレーションの実質創業者である小林佳雄さんと、かなり深いコミュニケーションを取りました。小林さんの結論です。

1. 意思決定は当たるとは限らないから外れることを恐れて明言しない、判断から逃げる。
2. 結果として、前任者を踏襲、今までのやり方を踏襲。
3. 議論や議論の化学反応が起きないから深い洞察ができない。
4. 会議が会議として成立しないから結果を出せない。
5. イノベーションはリスクを伴うからイノベーションが起こせない。
6. イノベーションがなければ新たな市場創造ができない。

7. 市場創造ができなければ儲からない。儲からねば、利益は低い人件費からまかなわなければならない。だから一生懸命安く働かせ、円安を望むしかない。あたかも後進国のように。

8. クリエイティブに今までと違うことにチャレンジすることがイノベーション。

9. アイデアを会議で提案することさえリスクを恐れてできない、幹部でさえ。

10. アイデアが提案されても議論が全く起きない。

11. 結果、皆が判断しない風土が出来上がる。

この中の「7. 市場創造ができなければ儲からない。儲からねば、利益は低い人件費からまかなわなければならない。だから一生懸命安く働かせ、円安を望むしかない。あたかも後進国のように」が本質であり、この打開策が「議論経営」なのです。

増収増益増収入を実現するサイクル

96 議論で局面最善手を生み出せ！

以前、物語コーポレーションが二度目に経済テレビ番組『カンブリア宮殿』で取り上げられたときに、議論の事例が放送されました。

1枚の「野立て看板」を立てるのに、役員も入って、「デザイン・キャッチコピー・立てる位置」を侃々諤々《かんかんがくがく》と討議していました。要は、どのような議題でも「それは日本一の結論か？」というところまで討議を深める訳です。

「明言」のすすめ

「反応・発信・明言」は意思決定の見える化です。大きな声で皆に聞こえるように皆にわかりやすく具体的に伝えることです。

「反応しない」「発信しない」「明言しない」は「意思決定できない」「行動できない」「やる気がつくれない」「整理できない」の見える化です。

「意志強固」だから「明言」するのではありません。「明言する」から意思決定できる、行動できる、やる気が出る、整理できる、自分の意思ができるのです。

「明言」するから相手も「そう！」「違う！」と反応してくれるのです。「明言」するから相手も自分の意見に気がつくのです。「明言」するから議論が生まれるのです。

間違っていれば「ごめん、すまん」と素直に詫びればいいだけです。

プロの将棋士は、局面毎に「王手（勝利）への最善手」を指そうと、脳で大量の汗をかいています。臥龍は、リーダーが脳で汗をかかない企業は、現場が余分な汗をかくことになるとお伝えしています。

なお、物語コーポレーションでは、会議の前に「明言のすすめ」を唱和します。

97 「開発型」の人財育成は超重要！

臥龍は以前、NHKの『プロジェクトX』で、ソニーの営業マンが小型トランジスタラジオを手に、世界市場を切り開いた感動のドキュメンタリーを観て、泣きました。全員が20代でした。日本の若者には、今現在でも素晴らしい潜在能力が秘められています。それを信じ、引き出すのが、臥龍の得意分野です。

なお、アメリカを担当したソニーの営業マンのキャッチコピーが秀逸でした。

「これさえあれば、家のラジオに縛られているあなたの生活が変わります」

暮らしを変えてしまうものを、ソニーは開発したのです。

日本の下請けメーカーが、脱下請けして飛躍できないのは、「開発」の名のもとに、実際は「改善」をしているからです。

群馬に笠盛という、創業140年を超える刺繍《ししゅう》メーカーがあります。主な得意先はアパレル

（服飾メーカー）、下請けとして刺繍を請け負っていましたが、市場はじり貧、同業者は廃業倒産という状況です。

その中で、10年前から直販売のオリジナルブランドを立ち上げ、今では粗利益の比率が下請け（OEM）4割、直販売6割となっています。直販売ブランド「〇〇〇（トリプル・オゥ）」を立ち上げた片倉洋一さんは、モノの開発の前に、「開発理念」としての「ミッション　発想と技術で日常を豊かに」を掲げ、開発手順を「発想・素材・技術」としました。

通常、下請けメーカーは、手元に今ある素材・技術で何ができるかを考えます。あるいは、たまたま買っていただいた顧客を「ボリュームゾーンという幻想」を抱いて追っかけます。結果、すぐに業績は頭打ち、現状の下請け（OEM）を超える業容が生まれないということで、衰退廃業の軌道に入ります。

片倉さんは、今の素材・技術で何ができるかではなく、「どんなものができたら喜んでもらえるか？」「楽しくわくわくするものづくりは何か？」と考え、それを何としても形にする「素材・技術」を脳で汗をかき、身体で汗をかき、四苦八苦しながら生み出していきました。それが、今までこの世になかった「立体刺繍アクセサリー」という形になり、「驚きの軽さ」「驚きの肌へのやさしさ」を持った「〇〇〇」ブランドに結実しました。今までこの世になかったものを、四苦八苦しながら生み出したので、他社にはまねのできない「ブラックボックス」がたくさんあります。まさに「オンリーワン」の商品、そして主力顧客がミドル以上の女性客という奥行きのあるボリュームゾーンですから、まだまだ成長の余地があります。

この「発想・素材・技術」という開発手順が脱下請けのコツであることに気づいたメーカーしか、今後は残らないのではないでしょうか？　真面目なだけでは残れません。まずは「発想」が必要です。この「発想」段階で、喧々諤々《けんけんがくがく》の議論が必要です。人財開発においても、「開発」のできる人財は、ますます貴重になっています。

〇〇〇 HP

ヒト☆ピカ企業　**笠盛**

創業140年を超える会社で、直販売のブランド「〇〇〇（トリプル・オゥ）」を立ち上げ、現在はファクトリーパーク（工場テーマパーク）を開設し、市民やエンドユーザーが多数来場しています。その秘訣は、「発想・素材・技術」の順番にありました。また、後継者育成においても、思い切って社員から社長（櫻井理氏）を抜擢していきました。

笠盛 HP

98 「修羅場体験」が人を覚醒させる!

臥龍のバイブル本の中に「修羅場体験」という言葉がありました。

「人がもっとも成長するのはどんなときですか」そう尋ねられたら、私は「しんどい思いをしたとき」と答えます。たとえば製品の試作を何度試してもうまくできないときや、発注ミスを起こしてしまったとき。あるいは、会社に数千万円、ときには数億レベルの損害を与えるような失敗をすることもあるかもしれません。そういった「修羅場体験」が何より人を成長させるのだと、泥臭いかもしれませんが、私は実感しています。

もっと「タフ」なことをやったほうがいい、たとえば事業部長クラスの人をアメリカの孫会社の社長にポンと出すなど、そういうレベルのミッションが必要だと考えています。社長と副社長では、しんどさが何倍も違います。(中略)しんどい体験は、人のさまざまな能力を覚醒させるきっかけにもなるのです。

『ザ・ラストマン』川村隆・著(角川新書)より

99 委員会活動で「ミニ修羅場体験」を！

臥龍は、30歳でチームリーダーになるのが最低基準だと思っています。

そのためには、20代で「修羅場体験」を通ってもらう必要があります。ラインの長にはなれなくても、プロジェクト（委員会）活動の長をしていただくことはできます。

一般的な委員会としては、朝礼、環境整備（6SS）、改善活動、安心・安全、ありがとうカード、社会貢献などがありますが、ポイントは「目標は日本一、世界一」にさせ、必達させることです。

例えば、「感動物語コンテスト」への出場に当たって、社長が「出ることに意義がある」と言うのは、自社従業員をアマチュアに見ている証拠です。「出場する限りは、グランプリを獲れ。君ならできる」と言うことです。そこに全力を尽くせば、勝っても負けても、歓喜か悔しさという成果物があります。

中途半端な努力では、「まあ自分たちはこんなもんですよ」と、自らを卑下させる結果となります。

環境整備（6SS）のベンチマーキングの受け入れも同様です。「受け入れる限りは、80点は超えよ。そして、〝ここは凄かった。ぜひ、帰って自社でもやってみます！〟と言っていただけるお土産になるポイントを創れ」と言うべきです。

プロジェクト活動のリーダーでもいいので、「トップとしてのしんどい体験」は、その人を覚醒させます。

体力のある若いときは、「修羅場体験」は買ってでもしろ、です。

100 プレゼンとエントリー ～表現力の壁を破る機会を多く提供しよう！

人は、表現力の壁を破ると、潜在能力の壁が破れます。

周りの方々に、表現力の壁を破る機会を多く提供することです。一つは、プレゼンテーションの機会を数多く創ることです。もう一つは、社外のコンテストや各賞に応募する機会を数多く用意してあげることです。

広報へのチャレンジも有効です。

長坂養蜂場の従業員が輝いているのは、表現力の壁を破る機会が数多く用意されているからです。最近では、従業員のほうから、「社長、こういう賞があります。我が社の理念にも合っていますので、応募していいですか？」とか「このイベントは、きっと多くの方々の参考になりますので、プレスリリースしていいですか？」と、自らがその機会を生み出すようになっています。代表的なリクルートの社訓は、「自ら機会を創り出し、機会によって自らを変えよ」です。

長坂養蜂場の広報より

長坂養蜂場の取り組みページ

101 家庭経営も大事 ～家庭経営の理念「幸せ家訓カード」

成功している経営者、知名度ある経営者も、親しくなると、家庭に問題を抱えて悩んでいることを告白してくださいます。意外に多いですね。

そのときに、「幸せ家訓カード」をご紹介すると、「臥龍先生、もっと早く聞きたかった。今からでも間に合いますかね？」と言われます。

従業員の体内扇風機の向きを理念に揃えると、「社風」が生まれます。同様に、家族の体内扇風機の向きを家訓に揃えると、「家風」が生まれます。

「家訓」は、家族で一緒に見つめる「北極星」とも言えます。

■「家訓」は独身でも重要

一緒に見つめる北極星は家族会議で決めます。なお家庭（世帯）の最小単位は一人ですから、独身でも必要です。もっと言えば、独身のうちに自分の価値観を確認しておけば、伴侶の選択ミス（？）も少なくなります。

結婚前はラブラブだった二人でも、結婚してから「こんなはずではなかった」ということはよくあります。そういうリスクを下げます。

実際、臥龍の顧問先の女性が、彼氏からプロポーズを受けたとき、とっさに（いつもお財布に入れていた）「家訓カード」を出して、「私、こういう家庭を創りたいけど、大丈夫？」と言ったそうです。彼は「ちょっと預からせてくれ」と持ち帰ります。どきどきして待っていたら、翌日、彼から「大丈夫！」という電話があって、ホッとしたそうです。

■「家訓」のオモテ面作成のポイント

1．具体的表現、かつ美しい日本語の伝承（理念が社格となり、家訓が人格となる）。

2．1番から6番まで、月曜日から土曜日まではその作法を重ねて「家風」となる。月曜日から土曜日までの流れが、一日の生活の流れや時系列になっていたほうが、スムーズに頭に入る。

3．日曜日は、未来や社会を見つめ、志や夢を語る「目線上げ日」。お子様がいる場合は、一方的に教えるのではなく、自ら考え、自ら意思決定する場面を多くすることが大事（意思決定のない「いい子」は、将来危ない）。

■「家訓」のウラ面作成のポイント

「○○家の記念日と節目の約束」を作成しますが、以下は事例です。

1. 家訓制定記念日：制定○年○月○日
毎年○月○日は、改めて家族になった意味を確認し、写真スタジオで写真を撮ります。
2. 子どもが小5になれば広島の平和公園に行き、平和の有り難さを家族で討議・確認します。
3. 子どもが中2になれば、萩の松陰神社に行き、世界一幸福な国創りに貢献する志を確認します。
4. 毎年1月2日は、家族で志や夢を語り合い、書初めアルバムに加えていきます。
5. 毎年1月2日に、家族で参加できるボランティア行事の予定を最低一つは定め、年内に実践していきます。

■38年間で一度もケンカがない夫婦

「家訓」は家族会議で仮決定した後、3か月試行してから正式決定します。実際には、やってみないとわからないことが多いからです。

臥龍家は、「幸せ家訓カード」のお陰で、結婚38年間で一度もケンカがなく、自他ともに認める「世界一仲のいい夫婦（候補）」になりました。

臥龍家の幸せ家訓カード

6つの作法と1つの同夢

1. 朝は気持ちの良い「おはよう」から始める。
2. 当たり前のことに「ありがとう」と言う。
3. 自分が間違っていたら素直に「ごめんなさい」と言う。
4. ムカッと来たら言葉にする前に一晩寝かす。
5. お互いの両親を平等に扱う。
6. お互いの役割に尊敬を払う。
7. お互いの関心ごとを理解し、応援する。

家訓制定記念日：1984年4月16日

5つの約束行事

1. 結婚記念日と誕生日は感謝を込めて、祝う。
2. 海外のチャイルドに誕生日カードなどでエールを送る。
3. 年に一度は墓参りを通じて、感謝の手合わせを行う。
4. 年に一度は伊勢神宮や高野山などの聖地で心を清める。
5. 年に一度は「感恩葉書」のイベントで心の交流を深める。

経営者にお願いしたいこと～あとがきに代えて

1. 自ら変わる

「リーダーが6か月で人財育成の達人」になる秘訣を、「あなたには世界を変える力がある。世界とはあなたの足元半径5メートル以内」とお伝えしています。

ですから、「社長が変わらないから会社が変わらないのだ。社長が悪い」という「他責の視点」は、「全ての因は我に在り」「インサイドアウト」の成功の絶対法則から外れます。

強い会社では、社長から新入社員に至るまで一人ひとりが、「私が変われば会社は変わる」という「自責の視点」を持っています。

このことを前提としても、社長自らが変わるくらい効果的なものはありません。社長の変化を見て、リーダーが触発されるという順番が正しいのです。

リーダーが成長していないときは、「それは自分を映す鏡」と考え、自らを変化させるきっかけにしましょう。

アペックスの変身物語

宇都宮の高級カーコーティング会社・アペックスは、リピーター率60％ながら離職率も60％という泥沼で、長年もがいていました。しかし郡司公生社長が、「全ての因は我に在り」と自らに矢印を向けることで、一気に泥沼を抜け出し、企業訪問ベンチマーキングでは、従業員の主体性・創造性・挑戦心が見学者に感動を与えています。

郡司公生社長をはじめ、約５００名の社長の進化及び企業進化を実現支援してきた経営者向けＶＩＰ講座「企業進化道場」を、機会を見て、ぜひご利用ください。

2. バックアップする

臥龍が主宰する「合同リーダー自燃塾」で、勇気を振り絞り、自分の会社を変革させる「マイ・プロジェクトＸ」を発表するリーダーの姿に感動をいただいています。それを見た社長も、涙ぐむくらいに感動されています。

でもその社長に、臥龍はこう申し上げます。

「彼らは、勇気を持って殻を破ったひな鳥です。そのひな鳥を親鳥にまで育てるか、殺してしまうか、そのカギは社長さま、あなたが握っています」

アペックスHP

山道佳奈さんの
マイ・プロジェクトX

社長の最も重要な仕事は、自燃人に勇気の火を注ぎ、超自燃人にすることです。逆に、絶対にやってはいけないことは、白けさせることです。「白け」は、人財育成投資を一瞬にして無に帰します。

基本はこうです。自燃人が発表した「マイ・プロジェクトX」を、社長が一緒に再度練り上げ、ゴールのイメージとそこに至るシナリオを共有します。そして、部署や全社のメンバーを集め、自燃人にプレゼンの機会を創り、社長自らがその意義と支援の決意を熱く語ります。逆に、「いいプロジェクトだな。頑張れよ」と放置すると、あっという間に、自燃の心は白けていきます。マザー・テレサが、「愛の反対は無関心」と言っていますが、社長のリーダーに対する「温かい関心」が、ひな鳥を成長させていきます。

3. 若手のDX力を活かす

臥龍が、臥龍ファミリー各社で、各種のプロジェクトを進めていく際は、若手メンバーをDX（デジタルトランスフォーメーション）推進メンバーとして加え、思い切って任すようにしています。人財育成分野でも、昭和世代では想像もつかないような仕組みを創ってくれます。生まれ育った環境が最初からデジタルだった世代のセンスには叶いません。

自燃人リーダーの人財育成を助ける若手メンバーのＤＸ力を信じて、出番を創ってあげてください。

幕末の植民地化になるかどうかの国難期、敗戦焦土の国難期は、世界が驚くような青年たちの潜在能力の解放で乗り切りました。２０２５年から本格化する少子高齢化の国難期も、世界有数の潜在能力を持つ、日本の10代、20代、30代の潜在能力解放で乗り切れます。

貴社の未来も「人財育成の達人」を多数誕生させることで輝きます。企業の輝きは結局、人の輝きです。本書が、人の輝きの照り返しで輝く「ヒト☆ピカリーダー」誕生のお役立ちとなり、日本の未来創造の一助になれば、望外の幸せです。

なお本書の誕生に当たり、臥龍をいつも支えていただいている角田佳霞、尼田和美の両秘書、そして何よりも、臥龍式の人財育成のあり方・やり方を実践し、「人財育成の達人・１０１のセオリー」に結実いただいた臥龍ファミリー各社に厚く御礼を申し上げます。

臥龍こと角田識之

感謝

『リーダーが6か月で人財育成の達人となる101のセオリー』は、次の実践企業（通称：臥龍ファミリー）のご協力で完成しました。

ありがとうございました！

（あいうえお順：敬称略）

■アサヒ・ドリーム・クリエイト（株）　代表：橋本英雄　【販促支援業・介護事業】

■（株）アペックス　代表：郡司公生　【カーコーティング・デイサービス】

■インターフェイス（株）　代表：野澤一美　【臨床試験受託】

■（株）エモーサル　代表：小笠原拓哉　【経営コンサルタント・介護事業】

■（有）かさぎ　代表：渡邉大樹　【不動産業】

■（株）笠盛　代表：櫻井　理　【刺繍メーカー】

■（株）カーライフサービス多摩車両　代表：猪股浩行　【自動車販売・整備】

■（株）絆すてーしょん　代表：石川秀司　【リフォーム業・デイサービス】

■（有）共栄メディカル　代表：藤澤和宏　【福祉資材用品販売】
■京都ＲｅＰＰＹ（株）　代表：小池　豊　【不動産業】
■（株）くらし応援社　代表：藤原祥長　【リフォーム業】
■Curand クランド（株）　代表：石井宣行　【一般住宅建築】
■（有）コーリヤマ　代表：藤河正弘　【革靴の甲部製造・レザーグッズ】
■（株）酒井商會　代表：酒井志郎　【カーディーラー・介護事業】
■相模原商事（株）　代表：蛯谷康一　【医療資材販売・介護事業】
■（株）佐々木商会　代表：佐々木康之　【外壁塗装】
■（株）ササキハウジングカンパニー　代表：佐々木雅史　【リフォーム業】
■（株）サンエスコミュニティ　代表：佐藤貴俊　【電気通信設備工事】
■（株）柴田畜産　代表：柴田　論　【食肉卸・飲食店経営】
■（有）島川商店　代表：島川　祥　【ホテルやレストラン向け食品卸・健康食パン販売】
■（株）ステージ　代表：柳沢　忍　【薬局経営】
■（株）そだてる　代表：小畑秀之　【経営コンサルタント・販促や採用でのまんが活用】
■（株）太陽産業　代表：藤井千雪　【リユースショップ・介護事業】

■（株）田口住生活設計室　代表：田口寛英　【リフォーム業】
■（株）多摩フードサプライ　代表：菅野友則　【食品リパック業】
■つばさホールディングス（株）　代表：猪股浩行　【グループ経営の推進】
■つばさロジスティックス（株）　代表：猪股浩行　【運送業】
■ドリームガーデンズ（株）　代表：古賀義将　【フードサービス・介護事業・英語教育】
■（株）長坂養蜂場　代表：長坂善人　【はちみつを中心とした健康食品小売りや通販】
■野村開発（株）　代表：野村智之　【不動産管理業・デイサービス】
■（有）日野　代表：日野　亨　【外食産業】
■（株）平鹿自動車学校　代表：佐藤理恵子　【自動車教習所】
■平林建設（株）　代表：平林重徳　【工務店】
■（株）藤井工務店　後継者：藤井哲也　【宮大工・一般建築・不動産・介護事業】
■（株）ベストホーム　代表：藤本誠二　【工務店・不動産・介護事業】
■恵実物流（株）・アクティブ感動引越センター　代表：笠原大岳　【引越業】
■（株）物語コーポレーション　代表：加藤央之　【外食産業】
■（株）森鉄工所　代表：森　裕晃　【鉄工所】

■（株）八柳　代表：八柳浩太郎　【伝統工芸品（樺細工）・介護事業】

■夢成（株）　代表：鈴木厚志　【外食産業・介護事業】

■リハプライム（株）　代表：小池　修　【デイサービスFC展開】

■（株）レオタニモト　代表：谷本将崇　【オートバイ販売・レンタル・メンテナンス】

■（株）ローズメイ　代表：原田　青　【健康食品・基礎化粧品メーカー・介護事業・健康食パン】

■参考文献

・上甲晃先生のメールマガジン『一日一語』
・司馬遼太郎『竜馬がゆく』（文春文庫）
・扇谷正造『諸君！　名刺で仕事をするな』（ＰＨＰ研究所）
・川村隆『ザ・ラストマン』（角川新書）
・『ＪＡＬを「Ｖ字回復」させた元機長の操作術』（ＦｏｒｂｅｓＪＡＰＡＮ）
・西岡常一『木に学べ』（小学館）
・後藤清一『人生１級免許塾』（明日香出版社）
・安積得也・詩集『一人のために』（善本社）
・妹尾輝男『世界は悪ガキを求めている』（東洋経済新報社）
・ジェフ・ベゾス『Invent & Wander』（ダイヤモンド社）
・松下資料館展示視聴ブース『部下の提案を喜ぶ』の映像より
・松下幸之助『松下幸之助　一日一話』（ＰＨＰ総合研究所）
・松下幸之助『実践経営哲学』（ＰＨＰ文庫）

・巴井操『器量をつくる』（PHP総合研究所）
・『大谷翔平　常識を超えた100の秘密』（インテルフィン）
・グーグルの生産性向上プロジェクト『アリストテレス』より
・小林雅一『AIの衝撃　人工知能は人類の敵か』（講談社現代新書）
・越川慎司『AI分析でわかったトップ5%社員の習慣』（ディスカヴァー・トゥエンティワン）
・阿部宗正『利休道歌に学ぶ』（淡交社）
・土光敏夫『新訂 経営の行動指針――土光語録』（産能大出版部）
・土光敏夫『土光敏夫　信念の言葉』（PHP研究所）
・田辺昇一『心に革命を起こせ』（新潮文庫）
・田辺昇一『人間の魅力』（新潮文庫）
・浜田広『浜田広が語る「随所に主となる」人間経営学』（講談社）

無料配信のメールマガジンのご紹介

臥龍こと角田識之は、経営管理や人財育成そして後悔しない人生経営を創るヒントまで、幅広い情報を日々発信しています。

１万人がお得な情報を受診している無料メルマガ「社長のビタミン」をお読みいただき、最新の情報や事例をご収集ください！

お申し込みはこちらへ

※メルマガの解約はいつでも可能ですので、お気軽にお申込みください！

[著者]
角田識之（すみだ・のりゆき）
号は「臥龍（がりゅう／ウォロン）」
（株）つばさ人本経営コンサルティング　代表取締役
経営者専門メンター＆第二創業実現コンサルタント
『坂の上の雲』の舞台、愛媛県・松山市生まれ。
23歳のときに『竜馬がゆく』を読み、「世界の海援隊」を創ることを志す。大手コンサルティング会社で経営コンサルタントの経験を積み、1989年に独立。大構造改革期という環境変化に的確に対応した数々の「第二創業の実現」をコンサルティング指導し、中小企業から４社の上場企業や７社の世界一企業、多くのオンリーワン企業を生み出すなど、大好評を博している。
人の幸福を主軸とする「人本主義経済思想」を経営の場で実証推進するアジアの事業家ネットワーク「APRA（エープラ）」を設立し、日本全国そしてアジア太平洋各国を東奔西走中。最近は、「人を大切にする会社が日本を幸せにする！」をスローガンとした、働く場で発生した感動のエピソードを発表する「感動物語コンテスト（通称：カンコン）」が話題となっている。

Yahoo! や Google での検索は「臥龍　感動」で！

リーダーが６か月で人財育成の達人となる101のセオリー

2023年　3月　1日　初版発行
2023年　4月　18日　第３刷発行

著　　者　角田識之
発 行 者　奥本達哉
発　　行　アスカ・エフ・プロダクツ
発　　売　明日香出版社
〒112-0005　東京都文京区水道 2-11-5
電話　03-5395-7650（代表）
https://www.asuka-g.co.jp

印刷・製本　シナノ印刷株式会社

　ISBN 978-4-7569-2264-9